Riccardo Bonfranchi

Bewunderung

Diskurs Philosophie

Band 30

Riccardo Bonfranchi

Bewunderung

Betrachtungen zu einem zeitlosen Phänomen

wbv | ATHENA

Ein ATHENA-Titel bei wbv Publikation

Gesamtherstellung:
wbv Media GmbH & Co. KG, Bielefeld
wbv.de

ISBN (Print) 978-3-7639-7765-9
ISBN (E-Book) 978-3-7639-7766-6

Printed in Germany

Bibliografische Information der Deutschen Nationalbibliothek
Die Deutsche Nationalbibliothek verzeichnet diese Publikation in der Deutschen Nationalbibliografie; detaillierte bibliografische Daten sind im Internet über http://dnb.d-nb.de abrufbar.

Inhalt

1 Einleitung

»Kein Mensch vermag zu leben ohne Bewunderung.«[1]
Paul Claudel (1868–1955),
französischer Dichter, Schriftsteller und Diplomat

1.1 Grundsätzliches zur Bewunderung

Aktives Bewundern bedeutet, dass man bewundert. Ein Subjekt bewundert ein Objekt. Die Bewunderung geht von einer Quelle aus und überzieht ein Etwas mit Bewunderung. Das ›Etwas‹ kann eine Einzelperson, auch eine Einzelheit sein. Das Bewundern kann gegenwärtig, vergangen sein oder erst in der Zukunft passieren. Das alles spielt für den Bewunderer keine Rolle. Der Bezug zur Bewunderung ist sein Bedürfnis zum Objekt. Das kann auch eine Sache, ein Ding sein. In der Betrachtung des Bewunderers, der Bewunderin wird es aber gleichzeitig immer zu einem Subjekt, weil es stets um die Innenbetrachtung geht. Bewunderung betrifft die Psyche und ist Teil der Innerlichkeit, der mehr oder weniger nachgegeben wird, nachgegeben werden muss.

Passives Bewundern, besser: das Bewundertwerden, ist das Objekt im oben gemeinten konträren Sinn. Dieses zieht die Bewunderung, warum auch immer, auf sich. Vertrackt wird die Situation dann, wenn das Objekt aktiv sich derart in Szene setzt, damit es bewundert wird. Damit beginnen sich die scheinbar klar aufgeteilten Rollen zu vermischen, und die Unterscheidung zwischen dem aktiven Bewunderer und dem passiven Bewundertwerden verschwimmt. Es kann nicht mehr trennscharf zwischen Bewundern und Bewundertwerden unterschieden werden. Diese Unschärfe gilt es im Folgenden nie aus den Augen zu verlieren.

Um die Darstellung hier nicht unnötig zu verkomplizieren, werde ich schwerpunktmäßig von der aktiven Fassung ausgehen, d. h., der

1 Paul Claudel, zitiert nach: Ronner, Markus M.: *Zitaten Lexikon des 20. Jahrhunderts.* Carta, Zürich 1998, S. 69.

Ausgangspunkt der Überlegungen wird die aktive Rolle sein. Aber, wie gesagt: Die Trennung zwischen aktiver und passiver Bewunderung ist eine idealtypische und hat bzw. erfüllt eher einen methodologischen Zweck. Trotzdem kann es immer wieder vorkommen, dass bei der Analyse des Bewunderungsprozesses ein Seitenwechsel sowohl von aktiv zu passiv wie aber auch umgekehrt stattfindet. Die Realitäten lassen sich nicht immer so einfach strukturieren. Strukturen stellen allerdings die Fragen dar, mithilfe derer ich mich dem Sachverhalt der Bewunderung nähern will. Es sind dies:

- Was wird bewundert?
- Wie wird bewundert?
- Wo wird bewundert?
- Warum wird bewundert?
- Wer bewundert?
- Wann wird bewundert?
- Wie leiden wir, wenn wir nicht bewundert werden?
- Was treibt uns zur Bewunderung?
- Hat Bewunderung auch einen Gegenpart?

Mithilfe dieser im Grunde einfachen Fragestellungen, die hier als Kriterien gelten sollen, wird es möglich sein, dem hier zur Disposition stehenden Sachverhalt näher auf die Spur zu kommen, um etwas Licht in den Bewunderungsvorgang zu bringen. Einschränkend muss aber gleichzeitig auch gesagt werden, dass diese Einteilung nicht das hält, was sie verspricht. Will sagen, es wird immer wieder Überschneidungen geben, eine von mir beschriebene Bewunderungssituation könnte auch in einem anderen Kapitel dargestellt werden oder sogar auch in zwei anderen etc. Die Abgrenzungen sind unscharf. Die Leserin, der Leser möge mir dies hier nachsehen. Es ist für die Darstellung im Gesamten – und hier geht es ausschließlich um das Phänomen der Bewunderung – nicht von ausschlaggebender Bedeutung.

Vorab soll auf der Ebene des «Duden» aufgezeigt werden, was unter Bewunderung allgemein zu verstehen ist. Es finden sich da Begriffe wie: Achtung, Anerkennung, Anbetung, Hochachtung. Diese sind somit Synonyme. Hiermit können dann auch die folgenden Zuschreibungen abgeleitet werden: bewundernswert, bewunderungswürdig, bewundernswerterweise.

Im Deutschen ist die Bewunderung weiblich. Im französischen *l'admiration* ebenso; das Gleiche gilt für die italienische Übersetzung *ammirazione*, die auch weiblich ist. Im Englischen finden wir unter Bewunderung den Begriff der *admiration*, seltener den der *appreciation*. Ähnliche, verwandte Begriffe zur Bewunderung sind, neben den schon genannten (Achtung, Anerkennung, Anbetung, Hochachtung), u. a.: Hochschätzung, Staunen ob einer erbrachten Leistung, Verehrung und auch Wertschätzung. Bei der Bewunderung schaut man zu jemandem auf. Man blickt zu diesem Menschen hoch, man sieht zu ihm/ihr hoch. Man kann dann auch Sätze hören wie: Die Hochachtung für diese Persönlichkeit kennt keine Grenzen. Es handelt sich dann nicht um eine Person, sondern um eine Persönlichkeit, was die Bewunderung bereits inhärent mittransportiert.

Wir bewundern jemanden, dessen Leistung, das kann auch sein oder ihr Aussehen betreffen, über dem von uns verstandenen Durchschnitt liegt. Als problematisch habe ich immer empfunden, wenn mir ein als besonders tugendhaft gekennzeichneter Mensch als Vorbild hingestellt wurde. Beispiele, bei denen sich jemand mittels Bewunderung zu einem tugendhafteren Menschen entwickelt hat, sind mir kaum untergekommen. Und ob man von einem bewunderten Vorbild wirklich lernen kann, möchte ich hier auch in Zweifel ziehen. Nur weil man das bewunderte Objekt kopiert – mehr ist es oft nicht –, heißt das nicht, dass man auch dessen innere Werte mitkopiert hat. Ob ich in einer Situation, in der ein Mensch, den ich grenzenlos bewundere, sich selbst geopfert hat, um andere Menschenleben zu retten, in der Lage wäre, dasselbe zu tun? Also, ich weiß nicht, eher wohl nicht. Es könnte sein, dass man damit den Bewunderungsvorgang überhöht und ihm moralische Qualitäten einzuhauchen versucht, die er genuin gar nicht haben kann, nicht haben muss. Bewunderung ist einfach ein Vorgang, aus dem man nicht allzu viel ableiten sollte. Schon gar nicht ein moralisch als wertvoll(er) beurteiltes Verhalten. Außerdem ist i. d. R. über die wahren Motive, warum sich jemand selbst geopfert hat, kaum etwas bekannt. So ergibt sich hier die Frage, ob man von dem Verhalten dieser Person auf seine/ihre Tugendhaftigkeit schließen kann. Ich würde dies eher verneinen. Er/sie hat es getan und hat eine wertvolle Tat begangen, weil er/sie Menschenleben gerettet hat. Warum er/sie dies letztendlich getan hat, wird man eventuell nie erfahren. Also lassen wir es hier dabei bewenden. Dass eine bewundernswerte Person oft, zumeist von Pädagogen, als Vorbild hingestellt wird, ist bekannt. Weniger bekannt dürfte hingegen sein, ob dies auch wie beabsichtigt funktioniert bzw. ob bei den zur Nachahmung Aufgeforderten hinsichtlich des Vorbilds auch eine Verinnerlichung stattgefunden hat. Zweifel seien hier angebracht, erlaubt.

Es ist unschwer zu erkennen, dass Bewunderung immer ein interaktives Geschehen darstellt. Ob real oder lediglich ideell, spielt vorerst keine Rolle. Man bringt jemandem beispielsweise Achtung entgegen oder man blickt zu jemandem auf. Ob die geachtete Person weiß, dass sie von jemandem in hohem Maße geachtet wird, oder nicht, spielt im Grunde keine Rolle. Desgleichen muss die Person, zu der, warum auch immer, aufgeblickt wird, nichts davon mitbekommen oder auch nur ahnen. Trotzdem kann von Interaktion – nicht: Kommunikation – gesprochen werden. Das Verhalten der besonders beachteten bzw. bewunderten Person wird das Verhalten desjenigen, der zu ihm/ihr aufblickt, in irgendeiner Art und Weise beeinflussen, beeinträchtigen. Dies vorerst einmal in einem neutralen Sinne verstanden. Sodass von einer Interaktion gesprochen werden muss, weil auch die geachtete Person, also die Person, zu der aufgeblickt wird, ihrerseits wiederum darauf reagieren wird, auch wenn sie den Grund für die Bewunderung nicht kennt, eventuell nur dumpf (oder gar nicht) ahnt. Aber man weiß es nicht, und es wird eventuell auch gar nicht darüber gesprochen.

Bei den im «Duden» aufgeführten Begrifflichkeiten kann man unschwer erkennen, dass Bewunderung ein ziemlich klar definierter Begriff ist, der relativ eindeutig gefasst werden kann. Und zum anderen, so meine ich hier, auch wiederum nicht! Will sagen, dass die Konstellationen, in denen sich Bewunderung als Vorgang, sei es nun innerpsychisch, sei es interaktiv, abspielt, doch sehr vielschichtig sein können. Wenn man jemanden bestaunt, z. B. ob seiner Taten, so ist das doch nicht das Gleiche bzw. weit davon entfernt, diese Person auch z. B. zu vergöttern. Beides fällt aber unter die Kategorie der Bewunderung. Einen Magier kann man ob seines Zaubertricks bestaunen, vergöttern muss man ihn aber deshalb noch lange nicht. Anders würde es sich verhalten, wenn nämliche Person bei diesem Magier in die Lehre ginge und auch dessen Kompetenz erlangen möchte. Dann könnte es schon sein, dass dieser Famulus in seiner Rolle als Diener, als Schüler den Magier ob seiner Kunst- und Fingerfertigkeit in einem sehr hohen Maße bewundert und ihn dafür sogar vergöttert, ihn einem Hexer-Gott gleichstellt. Diese Fertigkeiten, die der Schüler eines Tages auch beherrschen möchte, haben für diesen existenziellen Wert, und deshalb verehrt er seinen Meister auch. Dies auf jeden Fall so lange, bis er selbst in der Lage ist, diese Tricks auszuführen. Dann könnte sich die Bewunderung in Dankbarkeit oder in Konkurrenz verwandeln.

Was ich bei der Darstellung des Begriffs der Bewunderung nirgends gefunden habe, ist das Wunder. Beim Bewundern steckt doch immer das Mirakel, das Magische mit drin. In der etymologischen Ableitung des Begriffs ›Bewundern‹ scheint das Wunder keine Rolle zu spielen, was ich sehr erstaunlich finde, weil doch das Wunder den eigentlichen Wortstamm dieses Wortes ausmacht. Mit dem Prä- und dem Suffix ›Be‹ und ›ung‹ ergibt sich ja erst die Bewunderung. Könnte es sein, dass ich bewundere, weil ich das Objekt der Bewunderung im Grunde als ein Wunder ansehe? Dem wird nachzugehen sein.

Natürlich hat man auch auf empirischem Weg versucht herauszufinden, welche Menschen besonders bewundert werden. Es ist das Meinungsforschungsinstitut YouGov, das jedes Jahr eine solche Liste erstellt. Für die diesjährige (2022) wurden Zehntausende von Menschen in 41 Ländern befragt. Daraus ergab sich ein Bewunderungswert.

Die Rangliste:

1. Bill Gates
2. Barack Obama
3. Michelle Obama
4. Oprah Winfrey

5. Angelina Jolie
6. Elisabeth II.
7. Jackie Chan
8. Xi Jinping
9. Jack Ma
10. Narendra Modi

Ich will diese Liste hier nicht kommentieren. Ich will mich hier auch nicht über den Wert solcher Listen äußern. Fragwürdig scheinen sie mir allemal zu sein. Andere Untersuchungen haben Menschen danach gefragt, welche Verhaltensweisen von anderen Menschen sie als besonders bewundernswert einschätzen würden. Die Frage bezog sich dann z. B. auf »7 Eigenschaften, die ich an anderen bewundere«. Hier wiederum eine Rangliste:

1. Mitgefühl
2. Demut
3. Beharrlichkeit
4. Spielfreude
5. Loyalität
6. Charakterstärke
7. Humor

Eine andere Rangliste ergab andere, wenn auch zum Teil ähnliche Resultate:

- In schwierigen Zeiten immer wieder aufstehen und nicht aufhören, wieder auf die Beine zu kommen
- Eine schwere Krankheit haben und damit umzugehen lernen bzw. diese mit aller Kraft bekämpfen und die Lebensfreude nicht verlieren
- Freunden einen begangenen schweren Fehler verzeihen
- Sich für andere einsetzen
- Ehrlich sein

Eine weitere Person, hier als Beispiel genannt, gab als bewundernswert an:

- Selbsterkenntnis
- Die richtigen Prioritäten zu setzen

- Seinen Horizont kontinuierlich zu erweitern
- Authentizität auszustrahlen
- Über eine eigene Meinung zu verfügen
- Lebensmut, der durch nichts gebrochen werden kann

Das Gegenteil von Bewunderung könnte der Stolz sein.[2] Das mag im ersten Moment verwunderlich erscheinen. (Ich werde später – im 16. Kapitel: Was ist das Gegenteil von Bewunderung? – noch darauf eingehen, dort aber eher den Ekel als Gegenteil der Bewunderung favorisieren.) Beim Stolz lenkt man sein Bestreben nach innen. Man ist auf sich selbst orientiert, fixiert. Auch wenn es sich um einen zugewiesenen Stolz handelt,[3] so geht dieser doch immer nach innen und kann, je nach Pathologie, sich bis zum Narzissmus weiterentwickeln.

Bei der Bewunderung verhält es sich genau umgekehrt. Die Bewunderung ist immer nach außen gerichtet, auf einen anderen Menschen oder auf ein Ding. Wenn man sich selbst bewundert, erhalten wir die bereits erwähnte Schnittmenge zum Narzissmus. Für mich stellt diese Form der Bewunderung, die auf das eigene Ich orientiert ist, aber nicht eine eigentliche Bewunderung dar. Dies deswegen nicht, weil ich davon ausgehe, dass Bewunderung vom eigenen Ich wegzieht, davon ablenkt, bis eventuell vom eigenen Ich nicht mehr viel oder gar nichts mehr übrig bleibt und die Identität sich in ein Nichts auflöst und sich in einem anderen Ding verobjektiviert. Beim Stolz hingegen wird das Subjekt in sich selbst zu einem Objekt und bleibt darin gefangen, während Bewunderung, dem Rauch einer Kerze gleich, sich zu irgendetwas anderem hin verflüchtigt.

Eine andere Sichtweise könnte auch sein, dass man als Gegenteil von Bewunderung den Hass heranzieht. Man lehnt einen anderen Menschen, ein Objekt dermaßen ab, dass man es hasst, verabscheut,

2 Bonfranchi, Riccardo: *Stolz. Kulturanthropologische Betrachtungen.* Athena bei wbv, Bielefeld 2022.

3 Unter einem zugewiesenen Stolz verstehe ich, dass die Person im Grunde gar nicht stolz wäre, wenn ihr dieser nicht von der Umwelt geradezu aufgenötigt würde. Als Beispiel könnte hierfür die Situation herangezogen werden, dass ein Sportler von den Medienverantwortlichen mit der Bemerkung konfrontiert wird: »Tolle Leistung! Da sind Sie sicher sehr stolz drauf.« Dabei schwingt auch die Bewunderung des Journalisten mit. Der Sportler erachtet seine Leistung aber als normal, weil er jahrelang darauf hingearbeitet hat.

sich davor ekelt. Aber der Hass beschreibt m. E. nicht exakt das Gegenteil der Bewunderung, sondern stellt lediglich die andere Seite der Medaille dar, was nicht das Gleiche wie ein Gegenteil ist. Hass, Ekel und Bewunderung sind Kippfiguren, die man sowohl von der einen wie eben auch von der anderen Seite her betrachten kann. Bewunderung kann nur allzu leicht in Hass umschlagen. Das eine kann des anderen Widerpart sein. Aber ein Gegenüber ist nicht das Gleiche wie das Gegenteil. Bewunderung und Hass können sich demzufolge ergänzen. Bewunderung und Stolz schließen sich gegenseitig aus. Entweder es gibt das eine oder das andere. Von einer Kippfigur kann hierbei keine Rede sein.

1.2 Psychologisches zur Bewunderung

Hier ist eingangs festzustellen, dass Bewunderung in psychologischen Lehrbüchern inexistent ist. Dies betrifft sowohl den »dtv-Atlas zur Psychologie«[4] wie auch den Band »Psychologie« von Hermann Hobmair[5]. Auch in dem ›Klassiker‹ »Einführung in die Sozialisationstheorie« findet sich hierzu nichts, wo man doch annehmen könnte, dass Bewunderung zumindest in der Pubertät eine nicht unwesentliche Rolle spielt.[6] Ich habe mich dann im Umfeld der Bindungstheorie umgesehen, aber auch da nichts gefunden.[7] Noch gab ich nicht auf und meinte vielleicht in der Sozialpsychologie fündig zu werden – vergebens.[8] Mit einer Definition nach Talcott Parsons wollte ich mich nicht zufriedengeben. Will sagen, Bewunderung einfach als eine Emotion abzutun und dann dieser Schiene zu folgen, empfand

---

4 Benesch, Hellmuth: *dtv-Atlas zur Psychologie.* Bd. 1. dtv, München 1989 (2. Aufl.).

5 Hobmair, Hermann (Hg.): *Psychologie.* Bildungsverlag EINS, Troisdorf 2003 (3. Aufl.).

6 Hurrelmann, Klaus: *Einführung in die Sozialisationstheorie. Über den Zusammenhang von Sozialstruktur und Persönlichkeit.* Beltz, Weinheim/Basel 1986.

7 Spangler, Gottfried; Zimmermann, Peter (Hgg.): *Die Bindungstheorie. Grundlagen, Forschung und Anwendung.* Klett-Cotta, Stuttgart 1995.

8 Stroebe, Wolfgang; Hewstone, Miles; Stephenson, Geoffrey M. (Hgg.): *Sozialpsychologie. Eine Einführung.* Springer, Berlin [u. a.] 1996 (3. Aufl.).

ich als unbefriedigend, und dies würde, so mein Dafürhalten, der Bewunderung auch in keiner Art und Weise gerecht. Parsons versteht unter Emotionen das »Zusammenspiel der Ebenen Organismus, Persönlichkeit, Sozialstruktur und Kultur«.[9] Diese Definition gibt für meine Bedürfnisse in Bezug auf Bewunderung nicht allzu viel her. Sie zeigt auf, dass Bewunderung sich auf der Ebene des Organismus abspielt, dies im Sinne von: Man denkt, man spürt und sieht, hört. Alle Sinne sind bei der Bewunderung angesprochen. Die Person, im Sinne ihrer Persönlichkeit, lebt diese Bewunderung in der für sie selbst sinnvollen Art und Weise aus. Ob dies stark, schwach, vorübergehend, dauerhaft u. dgl. mehr ist, spielt hierfür keine Rolle. Die Ausprägung der Bewunderung wird von der Umwelt wahrgenommen, vorausgesetzt, sie spielt sich nicht völlig im Geheimen ab und definiert somit die Sozialstruktur, in der die Persönlichkeit eingebettet ist. Dass das dann auf die Gesamtheit kultureller Erscheinungen hochgerechnet werden kann, erscheint einsichtig. In einem pathologischen Zusammenhang erscheint die Bewunderung in einem Praxisbuch von Elinor Greenberg. Hier wird Bewunderung als eine mögliche Form der Persönlichkeitsstörung verstanden.[10]

Viel interessanter erscheint mir hier die Frage, warum Bewunderung ein derart stiefmütterliches Dasein fristet, fristen muss. Sie wird weder als emotionale Eigenschaft des Menschen – vielleicht nicht von allen, aber doch von sehr vielen – noch als wissenschaftlicher Forschungsgegenstand der Psychologie, Soziologie oder Philosophie beachtet. Man lässt sie links liegen, als ob sie gar nicht existent wäre, und gerade dies erscheint mir doch sehr unwahrscheinlich. Aus meiner Sicht stellt das Phänomen der Bewunderung sogar ein Massenphänomen dar. Jeder Mann und jede Frau weiß, worum es sich handelt, und fühlt sich sogar selbst betroffen davon. Wenn man sich aber auf einer abstrakteren Ebene darüber informieren möchte, erfährt man nirgends etwas. Das ist schade und bedauerlich zugleich. Damit ist die Frage, warum dem so ist, immer noch nicht beantwortet.

9 Talcott Parsons, zitiert nach: Gerhards, Jürgen: *Soziologie der Emotionen. Fragestellungen, Systematik und Perspektiven.* Juventa, Weinheim/München 1988.

10 Greenberg, Elinor: *Borderline und Narzissmus. Wie Menschen nach Liebe und Bewunderung streben.* Kösel, München 2021.

Aber ich denke, dass ich dafür auch keine sauber-stringente, klare und eindeutige Antwort finden werde. Es bleibt somit spekulativ. Da wäre mal der Fakt, wie bereits erwiesen, dass Bewunderung als nicht so wichtige humane Eigenschaft bewertet wird. Ich denke, dass im Tierreich keine Bewunderung existiert, weil diese an bestimmte kognitive Potenzialitäten gebunden ist. Man muss sich mit einer anderen Sache und/oder Person in eine bestimmte Beziehung bringen können. Ein Narzisst ist zu keiner Bewunderung in diesem Sinne fähig. Er bewundert ausschließlich sich selbst, aber dies würde ich eben nicht als Bewunderung bezeichnen, sondern als Selbstliebe. Bewunderung geht, wie bereits erwähnt, vom Individuum weg und ist zielorientiert. Ob das Ziel existiert, ob es davon weiß, dass es bewundert wird, ob das Ziel ein Phantom ist, ob es vergangen oder zukunftsorientiert ist, spielt alles keine Rolle. Es ist ein Vorgang, der sich im umfassenden kognitiven Bereich abspielt und sowohl rationale wie auch emotionale Elemente enthält. Ich muss wissen, wen oder was ich wann bewundere, bewundern kann, und es drängt mich dazu hin, dies auch zu tun, tun zu wollen. Bewunderung ohne Hingabe, ohne Emotion ist nicht möglich. Aber ich muss auch wissen, um welches Objekt der Bewunderung es sich handelt. Anderenfalls macht es keinen Sinn. Bewunderung ist somit ein sinnerfülltes Tun, ein Gedankenspiel, das beim Bewunderer *in concreto* abläuft. Wissen und Fühlen sind Bedingungen, ohne die es nicht geht, *conditio sine qua non*. Diese unabdingbaren Voraussetzungen machen die Bewunderung zu einem komplexen Phänomen. Und jeder Mensch ist dazu fähig. Auch kognitiv beeinträchtigte Menschen sind, wie ich aus jahrlanger heilpädagogischer Erfahrung weiß, dazu fähig. Vermutlich sogar noch stärker als sogenannt normal intelligente Menschen. Warum dem so sein könnte, lassen wir hier dahingestellt.

Tatsache ist, dass der Bewunderung keine so große Bedeutung beigemessen wird wie anderen humanen Verhaltensweisen, z. B. Angst, Scham, Aggressivität etc. Aber wie sollte es zu so einer Wertung kommen, oder: Warum ist Bewunderung, nach wie vor, ein weißer Fleck auf der psycho-sozial-philosophischen Landkarte? Da kommt denn die Vermutung hoch, dass Bewunderung etwas ist, was als unmännlich gilt und eher mit pubertierenden Mädchen in einen Zusammenhang gebracht wird. Das ergäbe dann wieder die Frage, warum die Gender-Philosophie die Bewunderung noch nicht für sich reklamiert und entdeckt hat. Da, vor allem noch in jüngster Vergangenheit, es doch überwiegend (ältere) Männer waren, die darüber entschieden haben, worüber in den Sozialwissenschaften geforscht werden soll, muss, fallen die Probleme oder einfach: Verhaltensweisen von Backfischen aus der Agenda. Nicht relevant, bringt nichts, keinen Erkenntnisgewinn. Die Verhaltensweise der Bewunderung wird sicher nicht bestritten, tut aber niemandem weh, Therapie ist auch nicht angesagt, die Psychiatrie interessiert sich wohl in den seltensten Fällen dafür, also kann man es gleich bleiben lassen. Kommt hinzu – und das dürfte ein nicht zu unterschätzender Faktor sein –, dass Bewunderung aus sozial-soziologischer Sicht auch keine Bedeutung hat. Das gibt es eben, so what?

Noch ein Wort zum Schluss der Einleitung. Dieses Buch besteht, welch Wunder, aus einer Reihe von Kapiteln, die mit »was«, »wie«, »wo«, »warum«, »wer«, »wann« usw. überschrieben sind. Damit ergibt sich eine gewisse Struktur, es ergeben sich gewisse Schwerpunkte in der jeweiligen Aufarbeitung der von mir als relevant angesehenen Inhalte. Aber diese Strukturierung suggeriert eine Trennschärfe, die es nicht gibt. Deshalb sind Überschneidungen nicht zu vermeiden. Da ich immer wieder auch Belegstellen aus Romanen jeglicher Art hinzugezogen habe, ist eine starre, sture Aufgliederung nach exakt definierten Kapiteln ohnehin nicht zu erreichen. Aber ich denke, dass dies auch gar nicht so wichtig ist. Sehen Sie es als ein Kaleidoskop an, und seien sie erstaunt, wie viele Facetten Bewunderung zu bieten hat. Für eine vollumfassende Darstellung der Bewunderung kann ich ebenfalls keine Garantie übernehmen. Vielleicht finden Sie Inhalte, von denen Sie kritisch anmerken, dass diese auch noch in dieses Buch hätten hineingenommen werden müssen. Dann lassen Sie es mich wissen. Vielen Dank!

Also beginnen wir:

Ein interessantes Buch von Éric-Emmanuel Schmitt ist gänzlich der Bewunderung gewidmet. Darin beschreibt der Autor, wie er als 15-Jähriger große Schwierigkeiten hatte, seinen Platz in dieser Welt zu finden. Er trägt sich sogar mit dem Gedanken, sich zu suizidieren. Da entdeckt er die Musik und die Person von Mozart und rettet damit sein Leben. Mozart ist seine Erweckung und er bewundert dieses Genie (seitenlang) grenzenlos. Dramaturgisch ist das Buch so aufgebaut, dass die Figur des Ich-Erzählers Mozart immer wieder Briefe schreibt, in denen er ihm von seinem Leben und seiner Entwicklung erzählt. Dann wieder gerät er ins Schwärmen: »Deine Musik bestimmt die Bewegungen, die Auftritte und Abgänge, unterstreicht ein Detail, löst eine Emotion aus. Sie schafft Handlung, statt sie zu unterbrechen oder zu begleiten ... Noch nie hat sich ein Sänger mit Deiner Musik die Stimme ruiniert; im Gegenteil, die Gesangslehrer raten erschöpften Stimmen immer, zu Mozart zurückzukehren wie zu einer Muttermilch, die der Kehle wohltut.«[11] In einem der Briefe des Autors gibt es ein Postskriptum: »Ich höre voller Demut Deine Haydn gewidmeten Quartette. Der einzige lebende Komponist, den Du bewundert hast, der einzige Deiner Zeitgenossen, der sofort begreift, dass Du ein Gigant warst. Von Anfang bis Ende voller Inspiration, Leidenschaft, Nüchtern- und Unerschrockenheit, lässt Du mich spüren, wie wohltuend es ist, wenn zwei Männer sich bewundern.«[12] Fast ist man geneigt zu vermuten, dass der Autor vielleicht selbst an die Stelle von Haydn hätte treten wollen und dass sich diese beiden Genies gegenseitig bewundern. Aber das ist nur eine Vermutung meinerseits. Aber selbst der Bewunderung Mozarts kann Schmitt noch eine Bewunderung abringen, nämlich dass Mozart als Genie eben auch in der Lage war, ein anderes zu erkennen und zu bewundern.

11 Schmitt, Éric-Emmanuel: *Mein Leben mit Mozart.* Ammann, Zürich 2005, S. 67.

12 Ebd., S. 82.

2 Was oder wer wird bewundert?

Beachtung, Bewunderung

Die Kunst erst ihren Wert gewinnt,
wenn sie auch Beachtung find'.
Noch größer die Eroberung,
erntet sie Bewunderung.

Musik ist überhaupt nichts wert,
wird sie von niemandem gehört,
und ein Gemälde für den Müll
wenn keiner es betrachten will.

Was nützt die herrlichste Skulptur,
steht sie im dunklen Keller nur,
und alles Wissen auf der Welt,
wenn man es für sich behält.

Ganz egal was man besitzt,
man es mit Freuden nie benützt,
wenn es nie Beachtung findet.
Darin ist alles doch begründet.

Was nützt alles hier auf Erden dann?
Bleibst für alle Zeit ein armer Mann.
Bist immer nur für Dich allein
und trotz Reichtum arm und klein.

Deshalb sollte man im Leben,
lieber nach Beachtung streben.
Und mit Beachtung auch belohnen,
die mit uns die Welt bewohnen.

Nur eines gibt Dir noch mehr Schwung,
erntest Du Bewunderung.

14 Die Deutsche Gedichtebibliothek. Gesamtverzeichnis deutschsprachiger Gedichte. https://Gedichte.xbib.de/Hennen%2C+Greta_gedicht_Beachtung%2C+Bewunderung.htm (Zugriff: 13.7.2024).

Bewundert werden kann im Grunde alles und jedes, jede und jeder. Bewunderung kennt keine Grenzen, so wie der menschliche Geist keine kennt. Im Grunde ist es egal, jedes Objekt kann Gegenstand von Bewunderung werden.

Es können hierbei Personen in ihrer Ganzheit bewundert werden, aber auch nur Teile, Eigenschaften von ihnen. Es können auch nur einzelne Taten sein, die diese Person geleistet hat, die man bewundert. Als ich noch ein junger Mensch war und viel Sport betrieben habe, habe ich einen Mann bewundert, der dann unser Trainer geworden ist, weil er bei den Olympischen Spielen Medaillengewinner war. Als ich ihn dann näher kennenlernte, merkte ich, dass er doch eine Reihe charakterlicher Mängel aufwies, und meine Bewunderung für die ganze Person nahm stark ab.

Es braucht also eine emotionale Bindung zu einem Objekt. Wodurch diese Bindung gespeist wird, spielt keine Rolle bzw. ist individuell in hohem Maße unterschiedlich. Der Gegenstand der Bewunderung ist für den Bewunderer prestigeträchtig. Aspekte, die nicht so ins gemachte, konstruierte Bild des Bewunderers passen, werden einfach ausgeblendet. Siehe auch mein eben erwähntes Beispiel des Medaillengewinners. Die Bewunderung für die errungene Medaille nahm durch das Kennenlernen der Person stark ab, der Respekt für die damals erbrachte Leistung blieb. Es fand also eine Differenzierung statt: hier die Leistung, die diese Person zweifelsohne erbracht hat, und dort die Person als Ganzes, die mich je länger je weniger zu überzeugen wusste. Deshalb war es mir auch nicht mehr möglich, die Person als Ganzes zu bewundern. Die Ernüchterung machte dies unmöglich. Man kann festhalten, dass Bewunderung immer auch etwas Unkritisches, Blindes, negative Elemente Ausblendendes hat. Bewundern im eigentlichen Sinn kann man nur ganzheitlich. Alles oder nichts, heißt die Devise. Dies trifft vor allem auf die Bewunderung anderer Menschen zu. Ein Bild, ein Musikstück, eine Statue kann man ewig, uneingeschränkt bewundern. Stellt sich die Frage, ob es in der Art der Bewunderung einen Unterschied gibt zwischen lebenden Personen und Dingen. Und wie verhält es sich bei bereits verstorbenen Personen, wie z. B. bei Jesus von Nazareth, Buddha oder Gandhi? Letzterer erscheint uns ja näher, weil er weniger verklärt worden ist. Gandhi ist eine Figur der Historie, Jesus eine der Religion. Da bestehen große Unterschiede in der Wahrnehmung. Historisches unterliegt wissenschaftlich genormten Gesetzmäßigkeiten; Religion arbeitet mit Wundern und dem Metaphysischen. Haben diese Unterschiede Auswirkungen auf die Qualität der Bewunderung? Ich denke schon, und darauf wird noch zurückzukommen sein.

Deshalb ist es auch leichter möglich, Personen zu bewundern, die man nicht persönlich kennt. Dies können z. B. kirchliche Würdenträger sein, der Papst, der Dalai Lama, Jesus, Mohammed etc. Bei einer Umfrage, die ich vor einiger Zeit bei StudentInnen durchführte, und die danach fragte, welche Personen sie als ethisch sauber, einwandfrei und damit auch bewundernswert einschätzen würden, wurden sehr häufig der Dalai Lama oder Mutter Theresa genannt. Aber niemand der Befragten hat je die Bekanntschaft eines dieser Menschen gemacht. Es wurden aber auch Che Guevara, Nelson Mandela oder Muhammad Ali genannt, und in der anschließenden Diskussion stellten wir fest, dass viele Menschen, die diese Personen benannt hatten, ihr Wirken nicht genau kannten und zugeben mussten, dass ihre Bewunderung hier eher durch das Bild, das Image, das diese Personen mit sich tragen, hergeleitet worden war. Das Eigentliche dieser Personen wird oft noch Jahrzehnte nach ihrem Tod, oder sogar dann erst recht, durch die Medien endlos weiter transportiert.

Auch Personen, die einmal in ihrem Leben eine große Tat vollbracht haben, deren Leben man aber im Grunde überhaupt nicht kennt, können bewundert werden. Das können dann Träger von Tapferkeitsmedaillen sein oder NobelpreisträgerInnen etc. Diese Ehrungen haben einen solch hohen Stellenwert, dass sie, obwohl es sich nur um einen Teil, einen Ausschnitt aus dem Leben der betreffenden Person handelt, dafür ausreichend sind, dass diese Person in ihrer Gesamtheit bewundert wird. Bekannt geworden sind Beispiele von Veteranen aus einem Krieg, die über ihre besonders hohe Anzahl an Tötungen, Abschüssen etc. Berühmtheit erlangten und damit einen Kultstatus errangen, der ihnen hohe Bewunderung eintrug. Diese Bewunderung hält auch dann noch an, wenn z. B. der Krieg schon Jahre zurückliegt bzw. diese Personen ihr Leben danach nie wieder in den Griff bekommen haben. Ein Ex-Soldat, der als Sniper Ruhm erlangte, wird diesen auch noch nach Beendigung seiner militärischen Laufbahn vor sich hertragen können, und er wird seine Bewunderer finden. Diese werden ihm immer noch einen Schnaps ausgeben.

So kann man jederzeit eine Linie von Personen, die man persönlich kennt und die man bewundert, hin zu Personen ziehen, die in der Öffentlichkeit stehen und die von einer Allgemeinheit bewundert werden, hin zu Personen, bei denen nur noch das Image, ihr Gedenken an mehr oder weniger bewiesene Taten, als bewundernswert taxiert, eingestuft werden. Von hier aus ist dann der Schritt hin zu Fiktionen wie Batman, Spiderman, Conan der Barbar, Nosferatu, Herkules etc. auch nicht mehr weit. Gemäß meiner These, dass es nichts gibt, was man nicht bewundern kann, können natürlich auch Fantasiefiguren wie die hier erwähnten und noch viele andere mehr Gegenstand einer Bewunderung, eventuell sogar einer Verehrung sein. Könnte sogar sein, dass diese Figuren – von Personen kann man ja im eigentlichen Sinne nicht sprechen – leichter zum Gegenstand von Bewunderung gemacht werden, weil sie noch viel eher zum Inhalt der eigenen Projektion gemacht werden können. Obwohl alle hier von mir aufgeführten Figuren mittlerweile als ›Real‹-Figuren in Filmen bzw. im TV erscheinen, bleiben sie doch fiktive Gestalten und können als Auslöser für eigene Bewunderungsbedürfnisse herhalten. Eine Überprüfung an der Realität müssen sie nie über sich ergehen lassen und können deshalb immer wieder uneingeschränkt bewundert werden.

Ein Beispiel für eine moralisch wohl nicht so korrekte Bewunderung findet sich in dem chinesischen Kriminalroman »18/4«. Hier geht es um einen Rächer, der Menschen, die sich in hohem Maße schuldig gemacht haben, dann umbringt, wenn diesen die Justiz nicht gerecht zu werden vermag. Der Rächer nennt sich Eumenides. In einer Szene fährt Liu, ein Polizist, mit einem Sensationsjournalisten namens Du im Auto. Du will unbedingt über Eumenides berichten bzw. ihn eventuell sogar persönlich kennenlernen. Nur: Du steht schon selbst auf der Liste von Eumenides, weil eine von ihm interviewte Person anschließend Suizid begangen hat. »Liu starrte seinen Beifahrer an. Ein seltsames Funkeln war in dessen Augen getreten. Bewunderte Du den Mörder tatsächlich, obwohl dieser ihn zu seinem nächsten Opfer auserkoren hatte? Er widmete sich wieder der Straße und schüttelte wortlos den Kopf. Noch musste er sich nicht voll und ganz auf diesen Mann konzentrieren.«[15]

Auch Tiere werden bewundert. Beispiele hierfür sind u. a. der Löwe, der Wal, der Delphin, der Elefant, Spinnen, Schmetterlinge, Geckos usw. usf. Die Liste ließe sich endlos weiterführen. Es geht dabei überhaupt nicht um Tiere, die man gemeinhin als putzig, hübsch oder herzig empfindet. Das Beispiel von gefährlichen Spinnen oder Schlangen zeigt, dass gerade diese einen hohen Bewunderungswert in sich tragen. Wobei diese Formulierung falsch ist, weil Tieren kein solcher Bewunderungsgrad inhärent ist; er wird ihnen von den Menschen, den Bewunderern, angetragen. Aufgrund von diesen Tieren unterstellten Eigenschaften werden sie bewundert. Auch hierfür können die Gründe wiederum endlos vielfältig sein, und sie sagen alles über den Bewunderer und nichts über das gewählte Tier aus. Captain Ahab lässt grüssen. Der Kapitän schwimmt wohl noch immer in symbiotischer Zweisamkeit angeseilt auf dem Rücken von Moby Dick in allen Weltmeeren.

Bewundert werden aber auch Pflanzen, Landschaften, Blumen, Berge, das Meer oder die Sonne. Gerade letztere wurde im Laufe der Geschichte immer wieder zum Gegenstand großer Bewunderung. Dabei geht es mir hier nicht um deren spirituelle Begründungen, sondern einfach darum, dass die Sonne, aber auch der Heilige Berg, ein besonderer Baum oder eine Blume, wie z. B. die Rose, die Lilie, die Orchidee etc., Gegenstand von Bewunderung sein können. Am Rande sei erwähnt, dass es immer wieder Menschen gab, die anderen Menschen weiszumachen versuchten, dass sie selbst eine spezielle Gabe besäßen, nämlich mit der Sonne oder dem betreffenden Baum in einem besonderen Kontakt zu stehen. Dies verlieh diesen Menschen, sofern sie dies glaubhaft versichern konnten, Macht, die sie dann auch auszunutzen verstanden. Sie wurden dann zu Geistheilern, Medizinmännern und zum Ratgeber des Königs, der Fürsten befördert.

15 Haohui, Zhou: *18/4. Der Pfad des Rächers.* Thriller. Heyne, München 2022, S. 252.

Aber auch Türen, Pforten, Fenster, Türme, Brücken, Paläste, Chalets, Flugzeuge, Autos, Fahrräder usw. können bewundert werden. Es werden Reisen zu bestimmten Sehenswürdigkeiten organisiert, die dann bewundert bzw. endlos fotografiert werden. Dies geschieht in allen Erdteilen, ausnahmslos. Die hergestellten Fotos gehen vermutlich in die Billiarden (eine 1 mit 15 Nullen oder: 1 Million hoch 2,5). Der Bewunderung sind hierbei keinerlei Grenzen gesetzt.

Wir halten fest: Es gibt nichts und niemanden, der nicht Objekt von Bewunderung sein und werden könnte. Im Grunde bewundern wir immer das Gleiche, nämlich die Bewunderung selbst bzw. das Gefühl, das Bewunderung in uns auslöst. Der Gegenstand der Bewunderung ist völlig egal, von ihm kann nichts, aber auch gar nichts in irgendeine Richtung abgeleitet werden. Es geht um den Vorgang des Bewunderns selbst. Er ist der eigentliche Gegenstand, der Zweck. Der Gegenstand der Bewunderung ist immer und lediglich Mittel zum Zweck, um dieses Gefühl des Bewunderns zu erfahren, es zu erleben, sich ihm hingeben zu können. Ich werde in den weiteren Kapiteln hierauf zu sprechen kommen.

Ein schönes Beispiel, wie man seine Bewunderung poetisch ausdrücken kann, liefert Heinrich Heine[16] (1797–1856):

Du bist wie eine Blume

Du bist wie eine Blume,
so hold und schön und rein;
ich schau dich an, und Wehmut
schleicht mir ins Herz hinein.

Mir ist, als ob ich die Hände
Aufs Haupt dir legen sollt,
betend, daß Gott dich erhalte
so rein und schön und hold.

In dem Gedicht könnte man eine segnende Geste erkennen. Die Herausgeberin des Buches meint, dass es Heine für ein armes jüdisches

16 Heine, Heinrich: »Du bist wie eine Blume«, in: Hahn, Ulla (Hg.): *Gedichte fürs Gedächtnis. Zum Inwendig-Lernen und Auswendig-Sagen.* Deutsche Verlags-Anstalt, Stuttgart 1999, S. 72.

Mädchen geschrieben haben soll. Aber wie dem auch sei, Heine bewundert die Reinheit, die Schönheit dieses Wesens. Er beschreibt es nicht näher und so bleibt es ihm hold. »Hold« wiederum kann mit »anmutig«, »lieblich« umschrieben werden, und diese Attribute scheinen Heine hier bewunderungswürdig zu sein.

In ihrem Buch »Der Duft der Blumen bei Nacht« beschreibt die französisch-marokkanische Schriftstellerin Leïla Slimani, wie sie, aufgrund einer Projektidee ihrer Lektorin, eine Nacht alleine in einem Museum in Venedig verbringt und was ihr dabei so durch den Kopf geht. Es ist eine ganze Menge, das sei hier erwähnt. Aber darum geht es jetzt nicht, sondern um die folgende Textpassage:

> »Alle hier versammelten Künstlerinnen und Künstler scheint diese Suche umzutreiben: Sie wollen in der Welt, die sie umgibt, die Spuren der Geister finden und so beweisen, dass nichts jemals ganz verschwindet. Dass die gesamte Welt von Narben durchzogen ist. Alle haben den verrückten Ehrgeiz, das Unbeständige dingfest zu machen. Hinter der Trivialität der Objekte suche ich immer ihren Gehalt an Gebeten und Erinnerungen. Ich mag die gewöhnlichen, kitschigen Gegenstände, die kleinen, hässlichen Dinge, die man trotzdem aufbewahrt, weil sie irgendeine Erinnerung wachrufen. Ich mag Glücksbringer, Amulette. Ich liebe es, die Wohnungen von Schriftstellerinnen und Schriftstellern oder Leuten, die ich bewundere, zu besuchen. Ich habe geweint beim Anblick von Dostojewskis Samowar, Puschkins Haarsträhne oder Victor Hugos Schreibtisch.«[17]

Die Protagonistin liebt es, die Wohnungen von Personen zu besuchen, die sie bewundert. Sie sucht ihre Nähe und hat so ein Gefühl der Verbundenheit, der Vertrautheit mit diesen ehemaligen WohnungsbewohnerInnen. Sie weiß, dieser oder jener Gegenstand ist von der bewunderten Person immer wieder in Augenschein genommen worden, sie hat ihn sogar berührt, angefasst, vielleicht sogar auch mit sich herumgetragen. So kommt sie der Person ihrer Bewunderung

17 Slimani, Leïla: *Der Duft der Blumen bei Nacht.* Roman. Luchterhand, München 2022, S. 86/87.

näher und ist – wer weiß – so in der Lage, ihre eigene Bewunderung noch zu steigern.

Wenden wir uns einem anderen Beispiel zu: »Ein Mann fühlt sich erst dann von einer Frau verstanden, wenn sie ihn bewundert.«[18]

Es hat natürlich schon etwas Verräterisches, wenn eine Frau darüber spricht, wie ein Mann sich fühlt, und dann gleichzeitig auch noch den Tipp abgibt, dass sich dieser nur gut fühlt, wenn er von der Frau bewundert wird. So ist man geneigt, der guten Frau Novak zu unterstellen, dass dies nicht ohne die Verfolgung eigener Absichten geschieht. So ist denn eher von einer Schein-Bewunderung auszugehen, damit frau ihre Ziele erreicht. Ein wohl, moralisch betrachtet, nicht ganz einwandfreies Verhalten, wenn Bewunderung zur Erreichung eigener Ziele taktisch eingesetzt wird. Andererseits läge es natürlich am Mann, dass er dieses Manöver durchschaut. Vielleicht tut er dies ja auch, aber die Bewunderung scheint ihn gefangen zu nehmen, und noch so gerne gibt er sich ihr hin. Warum auch nicht? So ist beiden gedient.

Wir stellen fest: Je weiter weg eine Person von einem selbst ist, sei dies nun geografisch oder historisch, desto leichter fällt es uns, diese zu bewundern. Oft bleibt der eigentliche Gegenstand der Bewunderung eher nebulös, abstrakt. So ist mir nach wie vor nicht so ganz klar, was ich beim Dalai Lama, als Beispiel hier genannt, eigentlich bewundern soll. Das Gleiche gilt im Übrigen auch für den Papst.[19] Was sind ihre persönlichen Taten, die mir Bewunderung abnötigen würden? Ich weiß es nicht. Dennoch komme ich in einen Konflikt, weil ›alle Welt‹ diese beiden Männer bewundert. Aber wofür denn eigentlich? Dafür dass alle Welt sie bewundert und man sich deshalb einreihen muss, weil man sonst ein Ketzer ist? Ich kenne ja diese beiden Männer nicht persönlich, sondern nur ihr durch die Medien vermitteltes Bild. Würde ich sie auch dann bewundern, wenn ich z. B. mit ihnen (je) in einer gemeinsamen Wohnung leben würde? Und

---

18 Kim Novak, US-amerikanische Filmschauspielerin, geb. 1933, zitiert nach: Ronner: *Zitaten Lexikon des 20. Jahrhunderts*, S. 69.

19 Dies sind meine ganz persönlichen Ansichten. Es soll damit niemand in seiner eventuell anders gelagerten Ansicht beleidigt oder von meinen Ansichten überzeugt werden.

sie dabei auch ab und an mal unausgeschlafen, verkatert oder einfach mit schlechter Laune erleben würde? Taugen sie dann immer noch als bewunderungswürdige Figuren, hinter denen ja (männliche) Menschen stehen, sich verbergen oder von der Allgemeinheit ferngehalten werden? Diese Form der Bewunderung scheint mir irgendwie komisch, ja geradezu grotesk zu sein. Es sind wohl die an der Weltspitze der Bewunderung stehenden Menschen oder eben doch nur Figuren (?), aber ich finde keine Gründe, warum ich sie bewundern soll. Gut, man könnte sagen, sie stehen für eine Idee, für Ideen. Für Gerechtigkeit und Frieden auf der Welt, für sozialen und ökonomischen Ausgleich, sie sind gegen Armut, gegen Krieg und für Verständigung aller Menschen auf diesem Ball. Aber das bin ich doch auch. Bewundert man mich deswegen? Und haben diese beiden Männer etwas für den Weltfrieden mehr gemacht als ich? Letztlich wohl kaum. Was also unterscheidet uns denn? Auch wieder keine Antwort.

Betrachten wir ein weiteres Beispiel.

Letzthin entgegnete ich einer Person, mit der ich mich unterhielt, dass ich viele Jahre mit Menschen mit einer geistigen, teilweise auch mit schwerster und mehrfacher Behinderung, gearbeitet habe bzw. es noch, auch nach der Pensionierung noch tue. Die Person antwortete, dass sie das sehr bewundere. Ich wies diese Bewunderung zurück und meinte, dass das eben mein von mir frei gewählter Beruf sei und dass dies keiner besonderen Bewunderung bedürfe. Dies lehnte diese Person vehement ab und begründete es damit, dass sie selbst nie in der Lage wäre, so eine Arbeit zu tun. Ich konterte damit, dass ich auch nicht in der Lage wäre, ihre Arbeit zu verrichten. Sie arbeitet auf einer Bank in der Hypothekenabteilung. Sie meinte, dass man das so nicht miteinander vergleichen könne, und ich sagte, dass man dies sehr wohl tun könne. Ich versuchte dann auf die Beispiele eines Klempners oder Automechanikers zu kommen, deren Dienste man in den betreffenden Notsituationen genauso benötigen würde wie die Betreuung der o. e. Personengruppe. Sie beharrte darauf, dass die Betreuung und Beschäftigung mit dieser Menschengruppe – sie vermied immer das Wort ›Arbeit‹ – eben doch etwas Besonderes sei. Worauf ich wiederum verneinte und dann von einer Überhöhung dieser Arbeit sprach. Natürlich lehnte sie dies wieder ab. Ich spielte dann meinen letzten Trumpf aus, indem ich meinte, dass ich in dem Bereich wohl ganz gute Arbeit verrichten würde und in vielen anderen Bereichen eben nicht gut wäre, und schlussendlich solle ja jeder dort arbeiten – ich würde ja auch Geld dafür erhalten –, wo er seine Stärken habe. Ob das nun bei Autos, Hypotheken, Hausbauten oder irgendetwas wäre, sei egal. Sie stimmte dem zu, meinte aber doch, dass die Arbeit mit behinderten Menschen eben bewundernswert sei. Ich gab mich geschlagen.

Was spielte sich hier ab? Vermutlich hat es damit zu tun, dass für diese Person die Arbeit mit schwerst- und mehrfachbehinderten Menschen außerhalb ihrer Vorstellungskraft liegt, während sie, so meine Unterstellung, die Arbeit eines Schornsteinfegers wohl nachvollziehen kann, diese aber selbst nicht ausüben möchte. Wenn also etwas außerhalb unseres Vorstellungsvermögens liegt, so kann es eher bewundert werden. So könnte es ja auch beim Dalai Lama oder dem Papst sein, wo mir auch nicht klar ist, was deren eigentliche Aufgaben bzw. Tagesbeschäftigungen sind. Sobald sich eine Tätigkeit im Nebulösen abspielt und mir die eigentlichen Handlungen nicht vorstellbar sind, weil sie zu weit weg, zu abstrakt, zu artifiziell sind, kann ich sie auch bewundern. Ich bewundere dann nicht die konkreten Handlungen, sondern Ideen, Vorstellungen, Wünsche, Träume und ergebe mich in den Tagträumen von Fantasien. Da fällt dann das Bewundern leicht.

Fassen wir zusammen. Bewunderung zeigt sich, wenn man sie abstrahiert, auf drei Ebenen. Da geht es zum einen um die Attraktivität eines bewunderten Objektes. Das Objekt ist schön, populär, entspricht dem zurzeit gängigen Schönheitsideal. Hässlichkeit wird wohl kaum bewundert; Hässlichkeit kann interessant sein, einen Thrill auslösen, aber sie wird nicht bewundert. Auf einer zweiten Ebene findet man die Bewunderung bei der Kompetenz. Jemand kann etwas, was als bewundernswert eingestuft wird. Dies findet man vor allem in den Bereichen Sport, Kunst, Musik etc. Wir bewundern einen Geigen- oder Klaviervirtuosen, einen Schachgroßmeister, einen Weltrekordler, einen Olympiasieger usw. Auf der dritten Ebene findet sich das Materielle. Wir bewundern nicht den Millionär, sondern den Multimillionär. Wer über Grundbesitz verfügt, über eine

Villa, wer so im Wohlstand lebt, dass er ohne zu leiden viel davon abgeben kann, der wird bewundert. Bewunderung kann natürlich auch auf allen drei Ebenen gleichzeitig stattfinden. Wer im Wohlstand lebt, über eine spezifische Kompetenz verfügt und dann auch noch gut aussieht, der kann eigentlich nur noch bewundert werden. Im Grunde bewundern wir alle das Gleiche, nämlich das, was wir nicht haben, und geben uns nur allzu gerne der Utopie hin. In der Bewunderung treten wir aus uns heraus, verlassen die Niederungen, die Öde des Alltags. Wir fliehen aus unserer Durchschnittlichkeit und geben uns einer Tagträumerei hin. Auf diese wird noch in einem späteren Kapitel (14. Warum gibt es überhaupt: ***die Bewunderung***?) Bezug genommen. Ist so ein Verhalten gut, ist das schlecht? Zum einen vermag ich das hier noch nicht eindeutig zu beantworten. Jeder Mensch bewundert, weil er Mensch ist. Die Dosis macht's. Wer nur noch bewundert, in einer Blase ständiger Bewunderung lebt, lebt krank, ist psychisch krank und nicht mehr handlungsfähig. Säuglinge, schwer geistig und mehrfach behinderte Menschen bewundern nicht. Es braucht also, um bewundern zu können, einen gewissen kognitiven Reifestand. Aber Bewunderung muss nicht erlernt werden, sie scheint ein genuin menschliches Bedürfnis zu sein. Tiere, auch die Primaten, Elefanten oder Delphine bewundern, nach meinem Kenntnisstand, nicht. Auf den Zusammenhang von Bewunderung und Sozialisation wird ebenfalls noch im 16. Kapitel näher eingegangen. Tiere sind also zur Bewunderung nicht fähig, oder sie haben sie einfach nicht nötig, weil sie sich ihrer selbst genug sind. Bewunderung, so verstanden, kann demnach als eine Art Kompensation von emotional geprägten Insuffizienzen angesehen werden. Auch darüber wird noch zu sprechen sein.

3 Wie wird bewundert?

Dein erst Gefühl, Bewunderung ists und Wonne

Dein erst Gefühl, Bewunderung ist's und Wonne
Wenn über dir des Nachts der Himmel blüht;
O Sternenblumenmeer! o Sonn' an Sonne
Und jeder Stern, das ist ein Weltgebiet,
Ist eine Welt vielleicht mit schönern Lenzen
Als wie sie uns hienieden blüh'n und glänzen,
Du siehst's, und deiner Nichtigkeit bewußt,
Sinkt dir die Hand herunter auf die Brust.

Doch unter dieser Hand da fühlst du's schlagen
Und stolzer blickst du wieder sternenwärts;
Was wollen alle diese Sonnen sagen?
Es wiegt sie auf ein einzig Menschenherz!
Mit allen Sternen ist nicht ausgeschrieben
Die Seligkeit, wenn Menschenherzen lieben,
Und wenn das eine an das andere sinkt,
Das fühlt kein Himmel aus, so hell er blinkt.

Friedrich Stoltze
Aus der Sammlung Liebeslieder[20]

In dem Roman »Mittsommermord« von Henning Mankell[21] wird an mehreren Stellen erwähnt, dass eines von mehreren Opfern, der Polizist Svedberg, seinen Kollegen Wallander, die Hauptfigur in Mankells Krimis, bewundert habe. Svedberg wird in dieser Geschichte unter höchst mysteriösen Umständen Todesopfer eines Gewaltverbrechens. Die Tatsache, dass Svedberg Wallander bewunderte, spielt zwar für den Plot in diesem Buch keine Rolle, bemerkenswert ist dabei aber, dass Wallander nichts davon weiß bzw. ihm auch Ähnliches nie aufgefallen ist. Diese Kleinigkeit dient dem Autor wohl als ein

20 Die Deutsche Gedichtebibliothek. Gesamtverzeichnis deutschsprachiger Gedichte. https://gedichte.xbib.de/Stoltze_gedicht_056.+Liebeslieder.htm (Zugriff: 13.7.2024).

21 Mankell, Henning: *Mitsommermord.* Roman. dtv, München 2002.

weiterer Beweis – auf die anderen wird hier nicht näher eingegangen –, dass man jemandem, mit dem man über Jahre eng zusammengearbeitet hat, eben doch nicht näher kennt. Der Bewunderte weiß nichts davon, dass er über Jahre von einer ihm nahestehenden Person bewundert wird. Das heißt, dass hier die Bewunderung in einer autokratischen, fast selbstgefälligen Art ausgelebt wird. Wollte Svedberg ebenso sein wie Wallander, dem es ja, bekannterweise, gelingt, jeden Fall zu lösen bzw. den Täter, die Täterin zu überführen? Wallander ist der oftmals traurige Held, der Star sämtlicher Kriminalromane des Autors Henning Mankell. Bewunderung wird hier unkritisch ausgeübt. Will sagen, es kümmert den Bewunderer nicht, ob die Bewunderung von seiner Seite her auch realistisch, durch Gründe legitimiert ist. Er hat das Bedürfnis, zu bewundern, und tut es. Der Vorgang ist entscheidend. Der Bewunderungsvorgang ergibt eine Art Lustgefühl, das ausgelebt werden möchte. Es kommt zu einer Über-Identifikation mit dem bewunderten Objekt. Vor allem dann, wenn man, wie in dem hier verwendeten Beispiel, weiß, welchen Selbstzweifeln, Unsicherheiten und Ärgernissen der Protagonist Wallander sich permanent ausgesetzt sieht.

Dabei wird das Bewunderte immer zu einem Objekt, egal ob es sich um einen bewunderten Menschen oder ein Tier, eine Landschaft oder irgendein Ding handelt. Der Bewunderer sucht sich ein Objekt aus und weiß i. d. R. nicht, warum er gerade dieses bewundert. Auf meine Fragen, warum jemand z. B. Berge für bewundernswert hält, erhielt ich von mehreren Personen immer eine ähnlich gelagerte Antwort, im Sinne von: Man muss sie einfach bewundern, weil sie a) groß, b) majestätisch, c) erhaben, d) etwas Göttliches sind usw. Auf die Nachfragen, was denn mit diesen adjektivischen Zuschreibungen genauer gemeint sei, erhält man keine weiteren Antworten. Man kann einen Berg bewundern, will heißen, man muss diesen Berg bewundern, weil er eben so ist, wie er ist. Das muss genügen und lässt einen Außenstehenden ratlos zurück. Weil er eben diese Bewunderung nicht aufzubringen in der Lage ist. Und wer diesen Berg z. B. ebenso bewundert, hat eine weitere Erläuterung nicht nötig, weil für ihn eben auch klar ist, warum man gar nicht anders kann, als diesen Berg zu bewundern und ihm eine staunende Achtung entgegenzubringen. Ein Gefühl der

Verschmelzung mit dem Objekt entsteht, weil dieses gefühlsmäßig besetzt wird. Warum dem so ist und warum der Bewunderer gerade diesen Berg emotional ›besteigt‹, ist sowohl für ihn selbst wie natürlich für jeden, der dies so nicht nachvollziehen kann, ein Rätsel. Aber das spielt keine Rolle, weil nicht der Berg im Zentrum steht, sondern die Bewunderung. Bewundern kann somit nicht als Achtung oder Respekt vor dem Objekt verstanden werden, weil es etwas Vereinnahmendes in sich trägt. Der Bewunderer nimmt sich die Bewunderung. So einfach ist das. Der (die) Bewundernde lässt sich ausschließlich vom Lustgewinn, den ihm (ihr) die Bewunderung einträgt, leiten. Wäre es verwegen zu fragen, ob Bewunderung so nicht auch etwas Masturbatorisches hat? Bewunderung führt ausschließlich zur eigenen Befriedigung und unterliegt dem ständigen Bedürfnis nach Wiederholung.

Bewunderung hat deshalb etwas Übergriffiges, Grenzverletzendes. Der Bewunderer kümmert sich nicht darum, ob dem Objekt seiner Bewunderung diese auch etwas bedeutet bzw. ob das Objekt überhaupt bewundert werden möchte. Diese Frage existiert nicht. Wer bewundert, kümmert sich nicht darum bzw. kann sich darum überhaupt nicht kümmern, weil es, logischerweise, nie um das Objekt als solches geht, sondern immer nur um einen narzisstischen, um sich selbst kreisenden Prozess. Nicht mehr, aber auch keinesfalls weniger. Wer also bewundert wird, kann es sich nicht aussuchen, ob er bewundert werden möchte oder nicht. Es geschieht einfach. Das Objekt muss es über sich ergehen lassen, sofern es davon überhaupt erfährt. Wie in dem Beispiel von Wallander erwähnt, kann es auch sein, dass das bewunderte Objekt nie erfährt, dass es bewundert worden ist.

Wie es den Objekten ergeht, wenn sie bewundert werden, ist weniger Gegenstand dieser Untersuchung. Vielleicht sind sie stolz? Vielleicht ist es ihnen aber auch lästig. Kommt darauf an, insbesondere dann, wenn die Bewunderung in ein Stalking übergeht. Der Bewunderer meint immer, sich das Recht herausnehmen zu dürfen, zu bewundern. Der Bewunderte muss die Bewunderung erdulden, sich die Bewunderung gefallen lassen, sie erleiden, sie erfahren. Eventuell ist im o. e. Beispiel der Kommissar Wallander froh, dass er zu Lebzeiten seines Kollegen von dessen Bewunderung nie etwas mitbekommen hat. Wir wissen es nicht.

Bleiben wir deshalb hier bei den Bewunderern. Man kann auch die Bewunderung von anderen imitieren. Was andere bewundern, kann auch für mich einen Wert haben. Dies ist ein Phänomen, dem selten Aufmerksamkeit zuteilwird: Bewunderung quasi als psychologisch fundiertes Imitationslernen nach Albert Bandura[22]. Der Bewunderer übernimmt und lernt die Bewunderung von einem Modell. Dabei ist es für den Bewunderer entscheidend, dass das Modell aus seiner Bewunderung einen Nutzen erfährt, wie immer dieser auch aussehen mag. Hat dieser Nutzen für den (neuen) Bewunderer auch einen Wert, imitiert dieser die Bewunderung. Er übernimmt vom Modell Embleme, Gesten, Verhaltensweisen, Redegewohnheiten, Meinungen etc. Er beginnt ähnlich, gleich zu sprechen, zieht sich gleich an und versucht überhaupt sein Aussehen dem bewunderten Objekt anzugleichen. Oft übertrifft er dann noch sein Modell in seiner Bewunderung. Dabei kann es sich auch hier wieder um eine fiktive Person handeln. So ist der Fall einer Frau bekannt geworden, die aus ihrer Bewunderung für das Äußere der Barbiepuppe unzählige ›Schönheits‹-Operationen hat über sich ergehen lassen, um dem Vorbild von Barbie so ähnlich wie möglich zu sein. Barbie wurde hier zum Modell, und entgegen der Theorie von Bandura, dass ein Modell nur dann nachgeahmt wird, wenn dieses über Erfolge verfügt, ist dies bei Barbie ja nicht der Fall. Es reicht für diese Bewunderin, dass Barbie einem weltweit akzeptierten und hofierten Schönheitsideal entspricht, um dieses als Modell für sich zu wählen und es so weit zu bewundern, dass eine Verschmelzung, hervorgerufen durch Operationen, stattfinden kann, muss. Vielleicht ist es aber der Bekanntheitsgrad von Barbie, der für das Modelllernen ausreichend und Grund genug ist, dieses Artefakt nachzuahmen. Merke, der Bewunderung bzw. ihren Gründen sind keine Grenzen gesetzt.

Auch das Anderssein, z. B. eine andere sexuelle Ausrichtung, kann ein Grund zur Bewunderung sein. Florian Illies beschreibt hier die Beziehung von Erika Mann (Tochter von Thomas Mann) mit der berühmten Schauspielerin Therese Giese. Diese beiden Frauen verste-

22 Bandura, Albert: *Lernen am Modell. Ansätze zu einer sozial-kognitiven Lerntheorie.* Klett, Stuttgart 1994.

hen sich nicht als leidende Töchter (über-)großer Väter, »sondern als zwei junge, kantige Solitäre, die sich gegenseitig bewundern – für ihr Anderssein«.[23] Diese Szenerie finde ich deswegen interessant, weil sie, im Gegensatz zu vielen anderen Bewunderungsszenen, eine Gleichheit beschreibt. Die Personen bewundern sich gegenseitig, das findet man nicht allzu oft; meistens ist der Bewunderungsvorgang eher ein einseitiger. Anders verhält es sich bei Heinrich Mann, dem älteren Bruder von Thomas. Hier beschreibt Illies die Szene der Bewunderung folgendermaßen: »Heinrich Mann genießt den Aufwand, der seinetwegen betrieben wird. Heinrich Mann genießt auch die Brillanz des Films, denn auch er hat jetzt seine anrüchige ›Lola Lola‹ gefunden – aber eben eine, die ihn nicht in den Wahnsinn treibt, sondern ihm die Hand hält und ihn bewundert. Es tut ihm so gut.«[24] Es geht hier um Heinrich Manns berühmtes Werk »Professor Unrat oder Das Ende eines Tyrannen«, mit dem er Weltruhm erlangte und das auch verfilmt wurde. Vielleicht tut es Heinrich einfach nur gut, dass nicht immer nur der jüngere Bruder Thomas im Rampenlicht steht und die ganze Bewunderung erhält.

Am 20. März 2022 wurde auf dem Zürcher TV-Kanal »TeleZüri« von einer jungen Frau berichtet, die es sich zum Hobby gemacht hat, teure Luxus-Autos zu fotografieren. Ich habe dann in diesem Bericht immer darauf gewartet, dass von ihr oder vom Reporter erklärt wird, warum sie dies tut. Es kam dazu aber nichts, bis mir klar wurde, dass es sich hierbei um ein absichtsloses Tun handelt. Sie fotografiert diese Luxus-Boliden einfach nur deshalb, weil es ihr Spaß macht und weil sie von diesen Fahrzeugen vollends begeistert ist. Dies konnte ich persönlich nicht so ganz nachvollziehen, nahm es einfach zur Kenntnis. Dabei ist der Aufwand, den diese junge Dame auf sich nimmt, nicht zu unterschätzen. Sie muss nämlich Vermutungen anstellen, wo sich solche Autos in Zürich bewegen, und sich dann quasi auf die Lauer legen, zumeist bei Ampeln, um dann einen Schuss setzen zu können. Ein Motiv gibt es aber trotzdem. Es ist die Bewunderung dieser Au-

---

23 Illies, Florian: *Liebe in Zeiten des Hasses. Chronik eines Gefühls 1929–1939.* S. Fischer, Frankfurt am Main 2021, S. 94.

24 Ebd., S. 99/100.

tos, so sagt sie selbst. Möglich auch, dass sie die Leute bewundert, die solch ein Gefährt besitzen oder sich zumindest die Miete für einen Tag hierfür leisten können. Manchmal hält sie sich auch bei den teuersten Esslokalen und Hotels auf, um ein solches Gefährt erspähen zu können, und sie ist glücklich, wenn sie wieder ein solches Fortbewegungsmittel in der Kamera hat. Aber sie hat es damit auch schon zu einer kleinen Reportage bei einem Lokalsender gebracht. Bin gespannt, wie weit sie es mit ihrer Leidenschaft noch bringen wird. Eventuell hat sie auch bald Nachahmer, die ebenfalls solche Boliden bewundern, und dann entsteht eine Boliden-Bewunderungs-Community daraus. Wer weiß …

Werfen wir einen Blick ins 19. Jahrhundert. In dem Buch »Goethe in Karlsbad« werden einige Episoden aus dem Leben des großen Dichterfürsten Johann Wolfgang von Goethe beschrieben. In diesem Roman wird auch immer wieder der große Welterfolg von Goethe, »Die Leiden des jungen Werther«, thematisiert. Goethe wird aber in diesem Roman zu einem Postillon d'Amour, indem er zwei junge Menschen, die sich innigst lieben, nach einigen Wirren zu ihrem Glück, sprich: zu ihrer Flucht verhilft. Er verhindert damit ihren Suizid und verhilft ihnen zum Leben. Das soll hier aber nicht das Thema sein. Alle vier Elternteile des Paares sind sich einig, dass diese Beziehung nicht standesgemäß ist – der Bräutigam ist nicht adelig, sondern reich-bürgerlich, und der Adel ist verarmter Landadel etc. Also streiten sich die jungen Leute mit ihren jeweiligen Eltern, aber eine Einigkeit ergibt sich hierbei nicht. Die folgende Passage zeigt den Streit zwischen der Tochter Amalie und ihrer adeligen Mutter auf. Goethe ist hierbei nur Zuhörer. Goethe fühlt sich hilflos und wünscht sich fort.

> »Ach!«, die Freifrau wandte sich ab. »Die Liebe wird sich schon einstellen. Lasst euch erst einmal verheiratet sein, dann kommt das von allein.«
>
> »So wie bei Ihnen?«, fragte Amalie und bereute es im nächsten Moment.
>
> Wieder versteinerte die Freifrau zur Festung. »Schweig still! Ich verehre deinen Vater.«
>
> »Und sind froh, wenn er nicht in Ihrer Nähe ist!«

»Die edelste Form der Bewunderung ist die aus ihrer Ferne. Die Sphären der Damen und der Herren berühren sich in den guten Häusern ohnehin kaum.«

»Entweder ich heirate den Mann, den ich liebe – oder ich sterbe.« Amaliens Miene war reine Entschlossenheit.[25]

Und so weiter … Die Tochter pokert hoch, indem sie ihrer Mutter mit ihrem Suizid droht. Das Verhalten der Mutter erinnert mich an die Fabel von Aesop, der gerne süße Trauben äße. Sie hängen ihm aber zu hoch und es gelingt ihm nicht, an diese zu gelangen, deshalb erklärt er lapidar, dass sie ihm ohnehin zu sauer seien. Der Mutter wäre ein Mann, den sie vorbehaltlos lieben könnte, schon auch lieber, aber weil dem so nicht ist, gibt sie vor, ihn wenigstens zu bewundern. Die Spitze stellt dann noch ihre Bemerkung dar, dass die höchste Form der Bewunderung diejenige aus der Entfernung sei. Saurer oder höher geht nicht mehr. Nun gut, die Geschichte hat ein Happy End – für die Tochter. Möglich – aber das ist eine bösartige Unterstellung meinerseits –, dass die Mutter ihrer Tochter deren Glück neidet. Bewunderung und Neid sind Stiefschwestern. Aber darüber wird auch noch zu sprechen sein.

Bleiben wir noch etwas bei der Liebe und lassen wir das Gedicht von Helga M. Novak[26] auf uns wirken:

Ich bin dir glotzend nachgelaufen
Gassenweit
Vergafft in deine holzigen Lenden
In deine Haut aus Jade
Du hast meine Gehirnschalen verschüttet
Und mir die Tollheit von den Beinen gepflückt
Heute morgen
Als ich neben dir erwachte
Warst du tot
Zwischen Büchern Fischhäuten Sandalen

---

25 Günther, Ralf: *Goethe in Karlsbad. Eine Erzählung.* Rowohlt, Hamburg 2022, S. 47.

26 Novak, Helga M.: »heute morgen«, in: Gnüg, Hiltrud (Hg.): *Nichts ist versprochen. Liebesgedichte der Gegenwart.* Reclam, Stuttgart 2003, S. 136.

Rauche ich die letzte Zigarette
Rufe mich nicht im Fjord
Riecht es nach dem Tran geschmolzener Wale.

Meine Anmerkung zu dieser Lyrik geht weniger in die Richtung einer inhaltlichen Interpretation. Diese wäre vermutlich ausufernd und würde bei jedem Interpreten, jeder Interpretin völlig anders ausfallen. Aber Tatsache ist wohl, dass hier jemand jemanden liebt, die Nacht mit dieser Person verbracht hat, und dann ist alles aus. Die Bewunderung, die im ersten Teil noch grenzenlos scheint, ist verbrannt, verglüht und schmeckt nicht mehr gut. War sie einst riesig, ist sie jetzt nur noch ein Häufchen Asche. Ich merke, dass ich jetzt sehr wohl ins Interpretieren verfalle, was ich eigentlich ja nicht wollte. Aber Bewunderung ist immer, so meine ich, schwer zu fassen. Und ihr Ende ebenso. Aber irgendwie hat mich dieses Gedicht angesprochen, und ich weiß im Grunde gar nicht, warum.

In der Verhaltensforschung des Menschen hat man immer wieder versucht, mittels unterschiedlicher Indikatoren herauszufinden, wie ein Mensch fühlt, was er denkt etc. Ein Beispiel für eine solche Küchenpsychologie, wie ich dies hier einmal nennen möchte, fand ich in einem anderen Krimi. Es wird dort versucht, mittels der Augenbewegungen herauszufinden, ob der eventuelle Täter lügt oder sich verstellt. Es geht in dem Buch darum, dass der Kriminalbeamte einen Serienkiller jagt. Der Beamte heißt sinnigerweise Hunter und der Verdächtige Mark.

> Als Hunter Mark im Restaurant das Foto von Melissa Hawthorne vorgelegt hatte, hatte dieser die Augen zusammengekniffen, ehe sein Blick nach rechts oben gewandert war. Er hatte sich also eindeutig an sie erinnert. Bei Kirstens Foto allerdings hatten sich seine Augen überhaupt nicht bewegt, weder nach rechts noch nach links. Dass er sie ganz leicht aufgerissen hatte, war Hunter nur aufgefallen, weil er Mark die ganze Zeit über sehr aufmerksam beobachtet hatte. Ein Weiten der Augen deutete i. d. R. auf Überraschung oder Schock hin, doch es konnte auch ein Anzeichen für Bewunderung sein – etwa wenn jemand einen Menschen sah, den er als

> attraktiv betrachte. Dann hatte Mark auch noch eine Bemerkung hinterhergeschoben, die sich ganz natürlich und ungezwungen angehört und perfekt zu seiner Aufreißer-Persönlichkeit gepasst hatte: »Ziemlich hübsch.«[27]

Es wird hier also versucht, mittels der Augenbewegungen herauszufinden, ob Mark nun der Täter ist, der auf grausame, bestialische Art und Weise Menschen zu Tode bringt, um letztendlich deren Angehörige in eine tiefe Traurigkeit versetzen zu können. Es sei hier nur so viel verraten, dass Mark nicht der gesuchte Täter, aber sehr wohl auch ein Täter ist. Man beobachtet konzentriert sein jeweiliges Gegenüber: Ein Weiten der Augen könnte bedeuten, dass diese Person ihn bewundert. Es muss aber nicht so sein. Etwas kompliziert, diese Methode, meine ich.

Wenn wir hier der Frage nachgehen, wie bewundert wird, müssen wir auch eine pathologische Form der Bewunderung erwähnen. Greenberg geht in ihrem Buch insbesondere auf die Form des Narzissmus ein. Sie schreibt: »Das primäre Ziel aller Narzissten besteht darin, unablässig Bewunderung, Aufmerksamkeit und Anerkennung von allen einzuheimsen, denen sie begegnen. [...] In dem Moment jedoch, wo ihr narzisstischer Basisbedarf nicht zur Verfügung steht, fühlen sie sich in der eigenen Haut nicht mehr wohl; vielmehr fühlen sie sich leer, niedergeschlagen, gedemütigt, wütend und unzulänglich.«[28] Lobt man einen solchen Menschen für etwas, was ihm wirklich gelungen ist, so dringt dieses Lob nicht zu ihm durch. Diese Menschen sind nicht in der Lage, ein stabiles positives Selbstwertgefühl aufzubauen. Die Allegorie des Narzissmus ist nahezu kongruent mit der Bewunderung. In ihrer reinen Form ist sie aber als eine pathologische Form der Selbst-Bewunderung zu verstehen. Sie gehört somit ins Feld der klinischen Psychologie/Psychiatrie, und ich gehe hier nicht näher darauf ein. Obwohl die Grenzen fließend sind und ich auch hier immer mal wieder in einer Grauzone ›herumstochere‹, um der Bewunderung näher auf die Schliche zu kommen.

---

27 Carter, Chris: *Blutige Stufen.* Thriller. Ullstein, Berlin 2022, S. 273.

28 Greenberg: *Borderline und Narzissmus*, S. 353.

4 Wo wird bewundert?

Immer und überall, ist man geneigt zu sagen. Bewunderung setzt sich selbst keine Grenzen, auch keine örtlichen. Der Ort der Bewunderung leitet sich von dem persönlichen Bedürfnis des Bewunderers ab. Oder: Der eigene Verstand sucht sich das Objekt der Bewunderung nach seiner eigenen Motivation, nach dem unbewusst gesuchten Motiv. Dabei kann man diesen Ort – und auch die Zeit – nicht selbst bestimmen. Er ist dem Gefühl des Bewunderns ausgeliefert, und deshalb ist es jederzeit und überall möglich.

Bewunderung kann heimlich oder auch im öffentlichen Raum ausgeübt werden. Man kann alleine bewundern oder auch in der Masse. Insbesondere bei Groß-Events, z. B. wenn Rockstars auftreten, balgen sich die Menschen um die vordersten Plätze, um an der Rampe ihrem Idol noch näher sein zu können, um es hautnah bewundern zu können. Diese Bewunderung muss dann auch herausgeschrien werden, teilweise bis zur völligen Erschöpfung. Mehr Bewunderung geht nicht. Auch gegenüber Stars aus der Fußballszene können diese Verhaltensweisen beobachtet werden. Diese Bewunderung kann durchaus auch sexuell motiviert, konnotiert sein. So ist bekannt, dass bei den Konzerten von Tom Jones jeweils massenhaft für Frauen hergestellte Unterhosen auf die Bühne flogen. Dies wohl auch als ein Zeichen der sicherlich sexuell aufgeladenen Bewunderung ihres (Sex-) Idols. Ähnlich verhält es sich, wenn Vertreterinnen des weiblichen Geschlechts einem bewunderungswürdigen Mann gegenüber selbst gemalte Schilder in die Höhe halten, auf denen geschrieben steht, dass sie gerne ein Kind von ihm hätten. Vermutlich geht es dabei eher um den Vorgang der Zeugung eines Kindes als um den geplanten Nachwuchs selbst. Sowohl die Unterhöschen wie auch die nackte Sexualität sind wohl eher den Gesetzmäßigkeiten entfesselter Massenhysterie zuzuordnen. Bewunderung in der anonymen Gruppe spielt sich hier ab. Nur nebenbei sei erwähnt, dass solche Massenbewunderungen einem männlichen Idol gegenüber nur von weiblichen Fans bekannt sind. Der geschlechtlich umgekehrte Fall ist mir nicht bekannt. Ein Zeichen der Emanzipation? Also, ich weiß nicht …

Man könnte demnach sagen, dass der Ort der Bewunderung das eigene Herz ist. Der eigene Verstand sucht sich das Objekt der Bewunderung, je nach persönlichem Bedürfnis, und dann setzen die Affekte ein und schäumen über. Dezenter spielt sich eine heimliche Bewunderung ab. Eine heimliche Bewunderung lässt alle Wünsche wahr werden, sie müssen sich nie an der Realität messen lassen. Oft lässt sich die Bewunderung rational nicht erklären und ist deshalb von Außenstehenden häufig nicht nachvollziehbar.

Ein Ort, an dem sich Bewunderung im großen Stil zunehmend ausbreitet, ist das Netz. Hier werden Stars geboren, d. h. gemacht, die aber gar nicht so selten auch wieder zu Fall kommen. Die Erfahrung zeigt allerdings, dass viele der Hochgelobten nicht wirklich zu den besten zählen. Gelegentlich gibt es richtige ›Fehlgriffe‹, wie beispielsweise in den Fällen Claas Relotius (Der Spiegel), Jan Hendrik Schön (gefälschte Forschungsergebnisse), Dirk Stapel (Manipulation Forschungsdaten). Auch bei Nobelpreisen und anderen Auszeichnungen gibt es häufig Fragen, ob die Wahl nun wirklich gut gewesen sei. Die ehemals Bewunderten, die sich ihre Bewunderung erschlichen haben, werden entlarvt und fallen tief. Aber darum geht es mir hier eigentlich nicht. Es geht mir vielmehr darum, aufzuzeigen, dass durch ein (soziales?) Medium wie das World Wide Web Bewunderung initiiert werden kann. Für den User, die Userin ist es, wie die o. e. Beispiele zeigen, nicht nachvollziehbar, ob ihre Bewunderung auch eine reale Basis hat, weil sie sie nicht nachprüfen können bzw. den auf ihrem Bildschirm erscheinenden Informationen trauen müssen. Sie haben keine andere Wahl, sondern nur das Bedürfnis, bewundern zu wollen. Grundsätzlich muss eine solche Wahl nicht kritisch sein, und viele Selektionäre sind sich auch bewusst, dass man nicht alles rational genau bestimmen kann. Gefährliche und große Schäden können allerdings auftreten, wenn die Glorifizierung bei den Ausgewählten zu Selbstüberschätzung bzw. Hybris führt: Nicht selten steigt bei den Siegern die Risikobereitschaft und es kommt zum Absturz. Ein Beispiel hierfür wäre der deutsche ehemalige Tennisstar Boris Becker. Moralisch fragwürdig – ich werde darauf auch noch dezidierter eingehen – finde ich das (Un-)Wesen der Influencerinnen, die mittels ihres Auftretens für ein Produkt werben. Aber es geht hier darum, auf mögliche Orte, an denen sich Bewunderung breitmacht, hinzuweisen, und deswegen muss diese moderne Entwicklung hier benannt werden. Die Influencerinnen im Netz werden bewundert. Diese werben i. d. R. für ein Produkt, das dann von den Bewunderern gekauft wird. So schließt sich der Kreis von der Bewunderung hin zum jeweiligen Kaufverhalten. Erstaunlich, aber das funktioniert. Dieses Verhalten ist mit demjenigen des Pawlow'schen Hundes vergleichbar, der auch dann sabbert, wenn ein Glöckchen erklingt. Die Bewunderung gegenüber der Person wird auf ein Warenprodukt, eine Dienstleistung übertragen. So wie das Glöckchen mit dem Speicheln nichts zu tun hat, hat auch das gekaufte Produkt nichts mit der Bewunderung zu tun. Aber man bezahlt, nicht nur ideell mit Bewunderung – diese ist eben nur Mittel zum Zweck –, sondern auch mit Franken, Euros oder Dollars. Ethisch problematisch finde ich dann, wenn als Glöckchen ein niedliches Kleinkind gezeigt, benutzt wird, das herzig und süß vom Monitor einem zulächelt und von den Erwachsenen zum Zwecke der eigenen Bereicherung eingesetzt wird. Dass, wie auch schon erfahren, die Hälfte des eingenommenen Geldes auf ein Sperrkonto für das Kind einbezahlt wird, vermag die moralischen Bedenken, dass hier ein (Klein-)Kind bewundert wird, nicht zu zerstreuen. Nur am Rande sei hier erwähnt, dass diesem Missstand juristisch (noch) schwer beizukommen ist, weil es den Anschein hat, es finde ja zu Hause in der eigenen Wohnung statt und nicht von Kinderarbeit im eigentlichen Sinn gesprochen werden könne. Ich bin kein Jurist, halte diese Argumentation aber für Blödsinn. Natürlich ist es Kinderarbeit. Was denn sonst? Ich werde darauf zurückkommen.

Bewunderung findet oft auch in der Zeitung statt. Hier einige Beispiele:

Jungfrau Zeitung vom 21.8.2008
Leserkommentar »Bewunderung für Frauen mit Schleier« zum Artikel »Auch Touristinnen sollen den Schleier lüften«

Verena Lobsiger, Interlaken
Jeder Mensch in der Schweiz darf seine Meinung frei äussern. Jeder Mensch in der Schweiz hat ein Recht, über seinen eigenen Leib zu

verfügen, und jeder Mensch in der Schweiz hat auch ein Recht, sich so zu kleiden wie er will. Einen Schleier zu tragen schadet ja keinem Mitmenschen. Ich wohne in Interlaken und sehe tagtäglich Mohammedanerinnen in einem Schleier, geschadet hat es mir noch nie. Im Gegenteil bewundere ich diese Frauen, weil ich mich mit dieser Kultur befasst habe und weiß, warum sie einen Schleier tragen.

Jungfrau Zeitung vom 5.12.2018
Kieners »Blood Words«
Wie kam Kieners Auftritt aber unter den Kulturschaffenden an? Diese Zeitung fragte quer durchs Berner Oberland. Das Votum fiel zwischen Bewunderung und Déjà-vu aus.

Aargauer Zeitung vom 3.5.2022
Der Ärger der Franzosen kippt in Bewunderung: »Kopieren wir die Schweiz!«
Zuwanderung hin oder her – sind wir mal ehrlich: Die Schweiz macht vieles richtig. Der Ärger der Franzosen über das östliche Nachbarland kippt in Bewunderung und Zuneigung. »Gehen Sie in die Schweiz: Dort haben sie drei Prozent Arbeitslose, wir elf.«

Neue Zürcher Zeitung vom 25.2.2022
Er hat Macht, sie bewundert ihn: Ungleiche Liebesbeziehungen an Hochschulen sind problematisch. Doch deshalb sollte man Frauen nicht die Mündigkeit absprechen.

Bündner Zeitung vom 14.9.2018
Wie Bewunderung zu Kunst wird
Das Bündner Kunstmuseum in Chur zeigt ab heute, wie sich der Basler Künstler Hugo Weber mit dem Schaffen Alberto Giacomettis auseinandergesetzt hat.

Augsburger Zeitung vom 28.4.2022
Zwischen Entsetzen und Bewunderung
Al-Jazeera Korrespondentin berichtet, wie Araber den Westen wahrnehmen

Badische Zeitung vom 10.10.2008
Die Bewunderung für Frank B. ist beängstigend.

Süddeutsche Zeitung vom 9.8.2021
Merkel und Frankreich: Bewunderung aus sicherer Distanz

Ärzte-Zeitung vom 23.12.2021
Bewunderung und Respekt: Das zweite Jahr der Corona-Pandemie liegt hinter uns. Ärzte in ganz Deutschland bedanken sich bei ihren Praxisteams.

Badische Zeitung vom 9.5.2011
Bewunderung für Kiplagat: 17. Offenburger Stadtlauf: Kenianer siegt im Halbmarathon.

Zoo Basel Aktuelles, Bulletin Nr. 28, 1972, S. 21
Noch nie hatte ein Aquarium seinen Besucherinnen und Besuchern eine Weltreise unter Wasser geboten – bis der Zoo Basel im März 1972 das Vivarium eröffnete. Die Stimmen in der Basler Presse waren voller Bewunderung über das ausgeklügelte Konzept. »Man betritt den langen Wandelgang«, steht am Eröffnungstag in der National Zeitung, »und ist nicht mehr von dieser Welt.«

Allgäuer Zeitung vom 12.4.2022
Carolin Kebekus bewundert Annalena Baerbock: »Wie krass ist Annalena Baerbock! Wahnsinn!«, sagt Carolin Kebekus. Von der Bundesaußenministerin ist die Komikerin ganz begeistert.

Stuttgarter Zeitung vom 13.7.2020
Campino bewundert Wim Wenders »Seine Filme haben unglaubliche Kraft«.

Usw. usf.

Es ist festzuhalten, dass mit dem Begriff der Bewunderung oft gearbeitet wird. Fast ist man geneigt zu sagen, er wird wohl allzu leichtfertig eingesetzt und drückt i. d. R. einfach eine Zustimmung zu einem Sachverhalt oder zu einer Person aus. Nicht mehr, aber auch nicht weniger. Wenn jemand etwas oder jemanden gut findet, mit etwas oder dieser Person einverstanden und dieser Sachverhalt von einem gewissen öffentlichen Interesse ist, dann ist man wohl relativ schnell mit der Bewunderung bei der Hand bzw. tippt das Wort in die elektronische Maschine. Ob man da jeweils dem bewunderten Objekt einen

Gefallen tut, sei mal dahingestellt. Es ist zu vermuten, dass man bei einem allfälligen Nachfragen wohl eher Erstaunen auslösen würde, würde man die betreffende Person, die in den Printmedien als eine Bewunderin dargestellt worden ist, darauf ansprechen. Könnte sein, dass sie dann, wenn ihr die Bedeutung des Bewunderungsvorganges bewusst geworden ist, diesen ziemlich schnell relativieren würde.

Wir können festhalten, dass die Bezeichnung, die Begrifflichkeit ›Bewunderung‹ häufig verwendet wird, dass aber andererseits sie wohl oft auch in einer oberflächlichen Art und Weise gebraucht wird. Dies finde ich schade, wenn nicht sogar inkorrekt, und es hängt wohl damit zusammen, dass man sich die Bedeutung von Bewunderung nicht allzu oft klar macht bzw. vielleicht auch etwas unsorgfältig damit umgeht.

Aber in der heutigen Zeit, die durch Cancel-Culture je länger je mehr beherrscht wird, finde ich im Buch von Bernd Ahrbeck das folgende Geschehnis:[29] »Ein an einer Berliner Fachhochschule öffentlich angebrachtes, an sich harmloses Gedicht Eugen Gomringers wurde entfernt, weil Frauen darin bewundert werden. Es lautet: ›avenidas / avenidas y flores / Flores / flores y mujeres / avenidas / avenidas y mujeres / avenidas y flores y mujeres y / un admirador‹.«[30] Das bedeutet also, dass hier nicht mehr bewundert werden darf. Könnte sein, so meine Meinung, dass hier das Kind mit dem Bade ausgeschüttet wird und die Gefahr besteht, dass ein Gedicht, dass Poesie in diktatorischer Art und Weise gebrandmarkt werden soll, weil ein Mann, ein Mensch seine Gefühle ausgedrückt hat. Diese intolerante Haltung scheint mir hier nicht angebracht zu sein. Damit will ich es hier auch bewenden lassen.

Eine andere Frage wäre, ob es einen Unterschied gibt zwischen bewundernden Menschen, die auf dem Land leben, und solchen, die in der Stadt wohnen. Hierzu aber Quellen zu finden, ist schwierig, oder anders gesagt, ich habe mich hierbei sehr schwergetan.

---

29 Ahrbeck, Bernd: *Jahrmarkt der Befindlichkeiten. Von der Zivilgesellschaft zur Opfergemeinschaft.* Zu Klampen, Springe 2022, S. 24.

30 Übersetzung: »Alleen / Alleen und Blumen / Blumen / Blumen und Frauen / Alleen / Alleen und Frauen / Alleen und Blumen und Frauen und / ein Bewunderer.«

In dem Buch »Sanfte Rache« von Sandra Brown wird die Geschichte erzählt, wie eine Frau beim Jogging in sehr unwegsamem Gelände sich verletzt und dann von einem Mann aufgefunden wird. Dieser nimmt sie mit in seine Hütte. Es stellt sich heraus, dass er hier seit einiger Zeit alleine lebt. Natürlich hat die Frau Angst, weil sie nicht weiß, wie sie diesen Einsiedler einschätzen kann. Sie hat kein Vertrauen zu ihm und befürchtet das Schlimmste. Das könnte z. B. sein, dass er sie missbraucht oder sogar tötet. Als der Mann einmal abwesend ist, durchwühlt sie die Hütte und findet in einer Truhe eine Papiertüte, in der sich ein Stein befindet, an dem noch Blut klebt. Sie gerät in Panik, verständlicherweise. Es entwickelt sich ein Dialog zwischen den beiden:

> »Sie lachte sarkastisch und blickte demonstrativ zu der belastenden Papiertüte hinüber, die immer noch auf dem Esstisch lag. ›Auch wenn die Beweise dagegensprechen.‹ Zusammengekauert saß sie da, klein, hilflos, eingeschüchtert. Er bewunderte sie für den eisernen Willen, mit dem sie die in ihren Augen schimmernden Tränen zurückhielt. Ihre offenkundige Angst setzte ihm deutlich mehr zu als ihre Schläge und Tritte. Er setzte sich neben sie und übersah geflissentlich, dass sie sofort ein Stück zur Seite rutschte, damit sich ihre Schultern nicht berührten. ›Sie hätten den Stein nicht sehen dürfen …‹ ›Dann hätten Sie sich ein besseres Versteck suchen müssen.‹«[31]

Okay, es stellt sich dann heraus, dass dieser Mann nur Gutes im Schilde führt und dass der Ehemann der Bösewicht ist. Die Bewunderung ist also ehrlich gemeint, und dass die beiden am Ende des Buches ein Paar werden, ist wohl einsichtig. Bewunderung in einer abgelegenen Berghütte kann also durchaus der Beginn einer starken Leidenschaft sein. Das Leben spielt sich doch meist nach den ›Hollywood-Gesetzen‹ ab. Oder etwa doch nicht?

---

31 Brown, Sandra: *Sanfte Rache.* Thriller. Blanvalet, München 2014, S. 109.

5 Warum wird bewundert?

49. Bewunderung, die Muse des Gesanges

Bewunderung, die Muse des Gesanges,
Gebeut mir stets, daß ich das Höchste preise:
Drum rühmt ich Künstler, Fürsten, Fraun und Weise,
Dem Zuge folgend eines großen Hanges.

Dich nenn ich nun die Seele dieses Dranges,
Den sonn'gen Gipfel meiner Lebensreise,
Den Mittelpunkt, um den ich lobend kreise,
Bestrickt vom Schwindel des Planetenganges.

Doch wenn vor Liebe deine Worte beben,
O so verleihst du, Freund! mir mehr in diesen,
Als meiner Kunst beschieden ist zu geben.

Zwar hat auch dir die Welt sich hold erwiesen;
Denn schöner stirbt ein solcher, den im Leben
Ein unvergänglicher Gesang gepriesen.

August von Platen (Aus der Sammlung Sonette)[32]

Die Altersstolzen
Ergraut sind wir – und du noch jung –
So sprecht ihr voller Würde
Und heischt von mir Bewunderung
Ob eurer Altersbürde:
Doch sollt' vor jedem grauen Haar
Ich ehrfurchtsvoll erbangen,
so dürft' am End der Esel gar
Respekt von mir verlangen.

Oskar Blumenthal (1852–1917) (Theaterkritiker und Possenschreiber)[33]

---

32 Die Deutsche Gedichtebibliothek. Gesamtverzeichnis deutschsprachiger Gedichte. https://gedichte.xlib.de/Platen_gedicht_399.+49.+Bewunderung%2C+die+Musen+des+Gesanges.htm (Zugriff: 13.7.2024).

33 Aphorismen und Gedichte von Oskar Blumenthal. https://www.aphorismen.de/suche?text=die+altersstolzen (Zugriff: 13.7.2024).

Bewunderung gibt einem erstmal ein gutes Gefühl. Da der Mensch – so seine Natur – Gutes zu wiederholen und Ungutes zu vermeiden versucht, gibt er sich immer mal wieder einer Bewunderung hin. Die Ausprägung, d. h. die Stärke der Bewunderung, ist individuell sehr unterschiedlich. Sie kann sich von sehr schwach bis sehr stark zeigen.

Damit kann man sich natürlich nicht zufriedengeben und muss noch etwas tiefer bohren. Bewunderung gibt einem eine Zielvorstellung, einen Inhalt und damit auch einen Sinn. Wer Berge oder auch nur einen Berg bewundert, der hat ein Ziel. Dieses kann wiederum in unterschiedlicher Art und Weise ausgelebt werden. Man kann zu diesem Berg hinfahren, man kann Bilder von ihm sammeln, man kann ihn besteigen, man kann ihn auch abbauen, wenn man da eventuell Gold oder andere Erze vermutet. Diesen Zielen obliegt keine Begrenzung. So habe ich z. B. in früheren Jahren, weil ich an Japans Kultur interessiert war und ca. 40 Jahre Judo betrieben habe, Bilder des Fujiyamas gesammelt und an einer Wand in meiner Wohnung aufgehängt. Der Fuji ist ja x-mal abgebildet worden, sei es in früheren Jahren oder auch in moderner Zeit als Poster. Es war dann für mich schon ein eigenartiges Gefühl, als ich 2019 den Fuji leibhaftig sah, als ich mich auf einer Japanreise befand. Die Bilder habe ich dann, als wir umgezogen sind, nicht mehr aufgehängt. Aber für eine gewisse Zeit hat es mir Spaß gemacht, Fujis zu sammeln. Von allen Bergen habe ich ihn am meisten bewundert. Warum? Ich weiß es nicht.

Ich würde jetzt nicht so weit gehen wollen, dass ich mit dieser Sammelleidenschaft – vielleicht ist auch der Begriff der ›Leidenschaft‹ hier schon zu hoch gegriffen – persönliche Insuffizienzen kompensieren wollte. Aber ich kann mir schon vorstellen, dass dies mittels Bewunderung möglich sein kann. Als ich mit randständig lebenden Menschen gearbeitet habe, ist mir immer wieder ihre Bewunderung für einen Fußballverein begegnet. Diese Menschen, die am Rande der Gesellschaft oder sogar außerhalb dieses Randes leben, vegetieren, haben sehr oft eine fast symbiotisch zu nennende Verbindung zu einem Fußballclub. Sie bewundern diesen und auch einzelne Spieler. Sie fiebern die ganze Woche hin auf das Spiel am Wochenende und versuchen auf allen möglichen und unmöglichen Wegen und mit allen möglichen und unmöglichen Mitteln an Geld bzw. an die Tickets für den Eintritt zu kommen. Die Bewunderung für diesen Club, diesen Spieler ist ihr Lebensinhalt. Die Bewunderung dafür gibt diesen Männern einen Sinn ihres Daseins.

Von einer ebenfalls randständig, auf der Straße lebenden Frau weiß ich, dass ihr Hund ihre ganze Bewunderung erhielt. Sie teilte dies auch jedermann, ob man es hören wollte oder nicht, mit. Sie sprach im Übrigen selbst immer davon, wie sie ihren Hund bewundere. Dies deswegen, weil er so klug, so schön, so gut sei. Ohne diesen Begleiter konnte sie nicht sein, und sie konnte stundenlang von ihm erzählen. Sie sparte sich ihr eigenes Essen vom Mund ab, um es ihrem Hund zu überlassen, damit es diesem gut ging. Dieser Hund war ihr nicht nur ein Gefährte der Straße, sondern sie bewunderte seine Eigenschaften, sein Aussehen, seine Klugheit, seine Treue usw. Als der Hund von einem Auto angefahren wurde und verstarb, brach sie zusammen und wollte nicht mehr leben. Was dann aus ihr geworden ist, entzieht sich meiner Kenntnis. Aber es scheint klar zu sein, dass dieser Hund für sie eine emotionale Notwendigkeit dargestellt hatte, und diese war auch durch einen anderen Hund nicht mehr für sie herstellbar.

Im Wort ›Bewunderung‹ steckt ein Wunder, etwas Mystisches, das nur schwer zu fassen ist. Es ist vielleicht die Erwartung von etwas Großem, Erhabenem, vielleicht auch von etwas Unerwartetem, das in der Bewunderung steckt. In der Be-Wunder-ung steckt immer auch ein Wunder. Ein Wunder wiederum ist immer auch mit einer Hoffnung verbunden, dass es irgendetwas gibt, das einen aus der Mühsal des Alltags herauszulösen in der Lage ist. Bewunderung hofft immer auch auf Utopia. Utopia bedeutet ja eine ›Nicht-Örtlichkeit‹, ein ›Nirgendwo‹, einen Wunschtraum oder dergleichen mehr.

Etwas Mirakulöses soll sich durch die Bewunderung ereignen oder zumindest auf einen einwirken. Durch das Bewundern fühlt man sich besser, es hebt einen, eventuell zu etwas ganz Großem, eventuell zum Höchsten, was es überhaupt in der menschlichen Vorstellung gibt, eventuell zu Gott.

Betrachten wir exemplarisch die folgende Passage aus einem Buch von Anne Holt[34]:

---

34 Holt, Anne: *Das achte Gebot.* Roman. Piper, München/Zürich 2002, S. 135.

> »Was finden wir eigentlich an ihr«, sagte Karen Borg, noch immer ins Leere gerichtet. »Warum haben wir Hanne so gern? Sie ist eigen und … sauer. Oft jedenfalls. Verschlossen und wortkarg. Aber wir sind allesamt immer für sie zur Stelle. Warum?«
>
> Billy T. strich mit der Hand über die Türklinke. »Weil sie nicht immer so ist. Vielleicht sind wir … wenn sie sich plötzlich öffnet und … ich weiß nicht. Ich weiß nur, dass sie meine beste Freundin ist.«
>
> »Du bewunderst sie grenzenlos. Grenzenlos. Das tun wir alle. Ihre Tüchtigkeit. Ihren scharfen Verstand. Aber … warum sind wir so verdammt verletzlich, wenn es um sie geht? Warum …?«
>
> »Ich habe sie gern. Du auch. Es gibt nicht für alles auf der Welt eine Erklärung.«

Den vor einigen Jahren verstorbenen schwedischen Schriftsteller Henning Mankell bewundere ich sehr für seine Fähigkeit, spannende Krimis zu schreiben. Ach, könnte ich das doch auch. Oft wird aber auch etwas bewundert, das fiktiv ist. Man könnte dann auch von einem Anhimmeln sprechen. Man ist von etwas fasziniert, und daraus entsteht eine Form der Bewunderung. Die ist dann im Grunde nur für einen selbst da. Die Umwelt kann diese Bewunderung oft gar nicht teilen, weil sie die Verbindung zum Faszinosum nicht hat, überhaupt nicht in der Lage ist, diese nachvollziehen zu können. Welches Bedürfnis wird hier von der sich dieser Faszination hingebenden Person befriedigt? Man weiß es nicht, und die Person weiß es i. d. R. auch nicht. Es ist einfach so. Wie oben erwähnt: Man kann nicht alles verstehen oder sinngerecht nachvollziehen. Aber dieser Zustand wiederum befriedigt nicht. Andreas Reckwitz und Hartmut Rosa[35] weisen darauf hin, dass es insbesondere solche Menschen, Dinge sind, die bewundert werden, die als modern, neu, noch nicht dagewesen gelten. Sie verheißen Glück und Zuversicht und sind deshalb geeignet, sich als Objekte der Bewunderung hervorzutun. So hat wohl jede Generation ihre Objekte, denen sich hinzugeben sie

35 Reckwitz, Andreas; Rosa, Hartmut: *Spätmoderne in der Krise. Was leistet die Gesellschaftstheorie?* Suhrkamp, Berlin 2021, S. 87.

bereit ist. Was modern ist, ist ›in‹, und was ›in‹ ist, ist bewundernswürdig. Elvis lebt (ewig).

Die negative Auswirkung von Bewunderung, die in Schwärmerei und Fanatismus umschlagen kann, finden wir bei David Hume beschrieben. Der schottische Philosoph – er lebte im 17. Jahrhundert – stellt eine weitere Verbindung zwischen dem ›Warum wir bewundern‹ und der Religion her. Viele Menschen haben das Bedürfnis (warum, wird hier nicht weiter erörtert), Gott nahe sein zu wollen. Sie begeben sich deshalb in die Nähe dieser Vertreter, sprich: Priester. Hume meint: »Je stärker aber die Beimischung des Aberglaubens ist, desto größer ist das Ansehen der Priesterschaft.«[36] Die gesuchte Nähe zu diesen Vertretern Gottes wird dann nicht selten in Form einer Schwärmerei ausgelebt. Der Schwärmer, der in der Person des Priesters Gott huldigt, diesen bewundert, glaubt sich so der Gottheit selbst nähern zu können. Hume weiter: »Der Schwärmer heiligt sich gleichsam selbst und verleiht sich selbst einen heiligen Charakter, der alles weit übertrifft, was Bräuche und zeremonielle Satzungen einem anderen gewähren können.«[37] Diese Schwärmerei geht dann oft mit einer gewissen Verachtung für die üblichen Regeln der Vernunft, der Moral sowie der Klugheit einher. Diese fanatische Form der Bewunderung bringt die Gesellschaft in größte Unordnung. In unserer Zeit wird dies in Europa und der westlichen Welt wohl eher selten vorkommen. Aber man erinnere sich an die fanatische Schwärmerei und Bewunderung des Nationalsozialismus und dessen Führerkult. Auch der sogenannte Jugoslawien-Krieg in den 1990er-Jahren des letzten Jahrhunderts war von solchen Schwärmereien in starkem Maße durchsetzt. Wenn sich also die Bewunderung zu einer fanatischen Schwärmerei entwickelt, besteht für die Gesellschaft Gefahr, dass jegliche Toleranz über Bord geworfen wird und die niedrigsten Affekte (Instinkte) des Menschen zum Tragen kommen. Eine Religiosität, die in eine zügellose Bewunderung umschlägt, ist eine Gefahr für die Moral und den friedlichen Zusammenhang in einer Gesellschaft. Menschen verhalten sich nicht unmo-

36 Hume, David: *Die Naturgeschichte der Religion. Über Aberglaube und Schwärmerei. Über die Unsterblichkeit der Seele. Über Selbstmord.* Felix Meiner, Hamburg 2000 (2. Aufl.), S. 75.

37 Ebd., S. 76.

ralisch, meint Hume, weil ihre Natur verdorben ist, sondern »weil sie in abergläubischer oder schwärmerischer Weise religiös sind«.[38]

Vom italienischen Dichter Gabriele D'Annunzio ist bekannt geworden, dass er sich nur dann hat malen lassen, wenn er vorgängig mit der Künstlerin schlafen konnte und sich bewundern ließ. Bei der Malerin Tamara de Lempicka, so berichtet Illies,[39] biss er auf Granit. Er solle sich wieder anziehen, meinte sie, hatte aber nicht verstanden, dass er sich nur von jemandem porträtieren lassen konnte, »dessen vorbehaltlose Bewunderung ihm sicher ist. Als er aus dem Zimmer geworfen wird, vergnügt er sich wenig später vor der Tür mit dem Hausmädchen, das sich für solche Zwecke bereitzuhalten hat«.[40] Zum geplanten Porträt kommt es nicht. Die Malerin reist ab.

Eine andere Darstellung der Bewunderung, hier in Form von Anerkennung, finden wir in einem Krimi von Klaus-Peter Wolf. Es geht hier um die Kommissarin Ann Kathrin, die sich der Hilfe eines inhaftierten Serienmörders bedient.

> Ann Katrin nickte. Sie erinnerte sich sehr gut daran. »Wissen wir noch mehr?«, fragte sie.
>
> »Ja. Der Täter sucht Kontakt zu mir«, sagte Sommerfeldt.
>
> »Warum?«, hakte Ann Kathrin nach und schwor sich, ab jetzt einfach zuzuhören und Sommerfeldt reden zu lassen.
>
> »Weil er Anerkennung sucht.«
>
> »Anerkennung?« Die Frage rutschte ihr raus. Was ist mit mir los, dachte sie. Verlier ich gerade meine Impulskontrolle?
>
> »Ja«, bestätigte Sommerfeldt, »und zwar meine Anerkennung. Es ist für einen Mörder ja nicht leicht, in der Öffentlichkeit besonders viel Applaus für seine Taten einzuheimsen. Aber das will er auch gar nicht. Er will die Allgemeinheit erschrecken. Er will, dass Sie«, er zeigte auf Ann Kathrin, »wissen, dass er weitermacht, deshalb die Sachen mit den intimen Kleidungsstücken.«

---

38 Streminger, Gerhard: *David Hume. Der Philosoph und sein Zeitalter.* C. H. Beck, München 2011, S. 398.

39 Illies: *Liebe in Zeiten des Hasses,* S. 45/46.

40 Ebd., S. 46.

> Das war typisch für ihn. »Er will damit ein Höchstmaß an Aufmerksamkeit erreichen«, behauptete Sommerfeldt, »aber von mir will er auch Anerkennung.«[41]

Wir sehen also, auch Mörder wollen bewundert werden, und da dies vonseiten der Allgemeinheit i. d. R. nicht möglich ist, sucht sich dieser Mörder die Bewunderung in Form von Anerkennung bei einem anderen Mörder.

Es fällt Ann Kathrin auf, dass Sommerfeldt nicht ›Schlüpfer‹ sagt oder ›Slip‹, sondern von *»intimen Kleidungsstücken«* (kursiv i. O.) spricht. Einige Seiten später kommt dann der Mörder selbst zu Wort: »Seine Oberschenkel brannten von der Strampelei auf dem Fahrrad, aber noch mehr brannte in ihm der Wunsch nach Anerkennung. Er wollte mit jemandem darüber reden. Aber wie konnte er das tun, ohne diesen Menschen gleich danach zu töten? Er wollte sich aussprechen, ohne verraten zu werden. Er wollte im Grunde Respekt, ja Bewunderung und hatte doch Angst vor einem Urteil, das am Ende über ihn gefällt werden würde.«[42] So geht es jemandem, der für ein Verhalten bewundert werden möchte, das aber außerhalb der Legalität steht. Mein Vorschlag wäre, zur Beichte zu gehen, weil da die Schweigepflicht noch ungebrochen ist, mag die Tat auch noch so abscheulich und in keiner Art und Weise bewunderungswürdig sein. Aber vermutlich würde dieser Vorgang dem Täter keine Befriedigung verschaffen.

Bewunderung kann aber auch nur gespielt sein und ist damit weniger dem Vorgang der eigentlichen Bewunderung geschuldet, sondern einem Zweck. Im neunten Kapitel seines Buches »Ausweitung der Kampfzone« schildert Michel Houellebecq eine solche Situation: »Ein typischer Theoretiker. In jeder seiner Stellungnahmen betont er eindringlich die Bedeutung der Methodologie; letztlich sind es immer nur Aufforderungen zum Nachdenken vor dem Handeln. In diesem Fall verstehe ich nicht, warum: die Software ist gekauft, das Nachdenken erübrigt sich – aber das sage ich nicht laut. Ich spüre

---

41 Wolf, Klaus-Peter: *Ostfriesenzorn.* Kriminalroman. Fischer Taschenbuchverlag, Frankfurt am Main 2021, S. 149.

42 Ebd., S. 236.

sofort, dass er mich nicht leiden kann. Wie seine Zuneigung gewinnen? Ich beschließe, ihm mehrmals an diesem Vormittag lebhaft zuzustimmen und dabei einen leicht blöden Ausdruck der Bewunderung aufzusetzen, als würde er mir ungeahnt überraschende, weitgespannte Perspektiven der Weisheit eröffnen.«[43]

Hier wird Bewunderung als ein taktisches Manöver eingesetzt. Der Grund dafür spielt praktisch keine Rolle. Natürlich ist diese Form der Bewunderung moralisch nicht korrekt, weil der Bewunderte getäuscht wird. Um irgendeinen Zweck zu erreichen, wird hier das Mittel der Bewunderung eingesetzt. Man fragt sich, ob diese Situation eher selten, immer mal wieder oder eventuell sogar häufig eingesetzt wird. Und man fragt sich weiter, ob das vielleicht sogar nur eine rhetorische Frage ist und jeder Mann, jede Frau weiß, dass er oder sie in seinem oder ihrem Leben bereits mindestens einmal dieses Mittel, um einen Zweck zu erreichen, gebraucht, verwendet hat. Man frage sich das einmal in einer stillen Stunde, aber nur ganz kurz, um den Gedanken sofort wieder im großen Meer des Vor- oder Unbewussten versinken zu lassen. Bekannt geworden ist auch das Bonmot des ehemals sehr einflussreichen deutschen Politikers Heiner Geißler (1930–2017), der meinte: »Die Berühmtheit mancher Zeitgenossen hängt mit der Blödheit der Bewunderer zusammen.«[44] Ob nun die Bewunderer aus taktischen Überlegungen der berühmten Person huldigen oder es ehrlich meinen, lassen wir hier einmal dahingestellt. Aber auch ein anderer Mensch kann als Mittel zum Zweck eingesetzt werden. Das halten wir hier fest. Eine andere Spielart stellt das folgende Bonmot dar: »Für viele Frauen ist der Geliebte ein Spiegel, in dem sie sich selbst bewundern.«[45] Dies sagte Fernandel, bekannt als Don Camillo.[46]

Eine andere Sichtweise, warum es auch zu Bewunderung kommen kann, erwähnt der große Philosoph David Hume, wenn er schreibt: »Die Skeptiker stellen die freilich unsinnige Behauptung auf, dass

43 Houellebecq, Michel: *Ausweitung der Kampfzone.* Roman. Wagenbach, Berlin 2006, S. 35.

44 https://www.zitate7.de/25296/Die-Beruehmtheit-mancher-Zeitgenossen-haengt-mit.html (Zugriff: 13.7.2024).

45 Fernandel, zitiert nach Ronner: *Zitaten Lexikon des 20. Jahrhunderts*, S. 69.

46 Fernand Joseph Désiré Contandin (1903–1971, französischer Schauspieler).

der Ursprung aller religiösen Verehrung aus dem Nutzen unbelebter Gegenstände, wie der Sonne und des Mondes, für die Erhaltung und das Gedeihen der Menschheit hergeleitet wurde. Dies ist auch der Grund, der allgemein von Historikern für die Vergöttlichung hervorragender Helden und Gesetzgeber angeführt wird.«[47]

In dem durchaus sehr lesenswerten Roman »Die Überlebenden« von Alex Schulman wird ein Vater immer dazu gedrängt, seine Rolle als Alphatier innerhalb der Familie, vor allem auch gegenüber seiner Frau, beweisen zu müssen. Er hat drei Söhne und erhofft sich immer wieder, ihre Bewunderung zu erhalten. Er versucht dies häufig damit zu erreichen, dass er seine Männlichkeit, seine Stellung als Oberhaupt der Familie darzustellen bemüht ist. Die folgende Szene gibt das Mähen des Vaters mit einer Sense wieder. »Während die anderen [die beiden Brüder, R. B.] bald die Lust verloren und verschwanden, folgte Benjamin seinem Vater den ganzen Weg hinauf, blieb dicht hinter ihm und passte auf. Sobald sie fertig waren, bewunderten sie ihr getanes Werk. ›So muss es aussehen‹, sagte Papa zufrieden. ›Wie eine langgezogene Fotze aus Gras.‹ Er lachte und zerzauste Benjamins Haar, und dann gingen sie zurück, den Weg hinunter.«[48] Durch seine deftige Wortwahl versucht hier der Vater, vor seinem Sohn seine Männlichkeit darzustellen, indem er im Grunde einen völlig unsinnigen Vergleich zwischen dem weiblichen Geschlechtsorgan und dem Mähen einer Wiese herzustellen versucht. Wodurch er hierbei die Bewunderung seines Sohnes bekommen möchte, erscheint nicht klar. Was klar wird in diesem Roman, ist, dass letztendlich es nur die Mutter ist, die für alle drei Söhne von großer Bedeutung ist, positiv wie negativ. Sie wird geachtet, gefürchtet, bewundert. Der Mann taumelt eher zwischen den Rollen als Vater und Kumpel hin und her, erreicht aber nie den Grad der Bewunderung, die die drei Söhne ihrer Mutter entgegenbringen.

Eine andere Spielart, warum bewundert werden kann, erwähnt Matthias Politycki in einer Novelle. Dort beschreibt er die Lebens-

---

47 Hume, David: *Eine Untersuchung über die Prinzipien der Moral.* Reclam, Stuttgart 1984, S. 19.

48 Schulman, Alex: *Die Überlebenden.* Roman. dtv, München 2021, S. 114/115.

geschichte des Protagonisten, aber auch dessen momentane Situation, wie es ihm ergeht, als er eines Morgens seine Frau tot im Sessel auffindet. Seine Frau, Doro, hat ihm vor ihrem Tod einige Blätter beschrieben. »Doch in welch konfuser Manier beschrieben, von welcher Doro? Offensichtlich war sie nicht mehr ganz bei Sinnen gewesen, so unbeherrscht kannte er sie gar nicht, so wüst, so direkt. Was war nur in sie gefahren? Doro, diese fragile kleine Person, die er gerade ihrer Dezenz wegen immer bewundert hatte!«[49] Mir fiel hier vor allem das Wort »Dezenz« auf. Dies war mir (noch) nicht geläufig. Es meint: Takt, Feingefühl, Zurückhaltung. Aber auch: Unaufdringlichkeit, Unauffälligkeit. So hat sich dieser Mann ein Bild von seiner Frau gemacht und muss nun feststellen, dass sie dem eben nicht entsprach. Aber nur weil er sich seine Frau so vorgestellt hatte, war er über viele Jahre in der Lage gewesen, Doro als seine Frau zu betrachten und eben auch zu bewundern. Aber die Realität, die sich ihm nun, allerdings auf Kosten des Todes der bewunderten Person, darstellt, ist eine andere.

Wenn wir nun auf eine pathologische Ebene wechseln, gelangen wir zu den narzisstischen Persönlichkeitsstörungen. Greenberg beschreibt in ihrem Buch den Bewunderer als jemand, der als Kind von seinen Eltern nie in Zweifel gezogen worden ist. Wenn diese Menschen dann erwachsen geworden sind, setzen sie dieses Muster fort, indem sie ständig anderen Menschen zu gefallen suchen. Sie geben sich dabei unkritisch und himmeln andere Menschen an. Dies kann auch bis zu einer gewissen Form der Unterwürfigkeit gehen. Greenberg beschreibt auch, dass diese Menschen in eine gewisse Form der Verbindung mit den von ihnen bewunderten Personen treten.[50] Das primäre Ziel, so Greenberg weiter, besteht bei diesen Menschen darin, es ständig anderen Menschen recht zu machen. Sie vermeiden es tunlichst, jemals im Zentrum zu stehen »und sich im Glanz ihrer Verbindung zu Menschen oder Organisationen zu sonnen, die von ihnen idealisiert werden«.[51]

---

49 Politycki, Matthias: *Jenseitsnovelle.* Hoffmann und Campe, Hamburg 2009, S. 14.

50 Greenberg: *Borderline und Narzissmus*, S. 124.

51 Ebd., S. 125.

Eine weitere Bewunderungssituation wird in einem der zahllosen Romane von Georges Simenon dargestellt. Es geht aber nicht um Kommissar Maigret, sondern um die Schwiegermutter des Kapitäns Lannec, der eine schwierige Fracht mit seinem Schiff nach Reykjavik zu transportieren hat. Dabei sind die Besitzverhältnisse des Schiffes zwar eindeutig geklärt, aber in der Praxis führt dies doch zu einigen Kalamitäten. Dies deshalb, weil seine Frau Mathilde und ihre Mutter ebenfalls Anteilseigner des neu erworbenen Schiffes namens »Donnerwetter« sind. Lannecs Frau fährt denn auch auf dieser Fahrt mit, was ja nach Seemannsbrauch nie gut ist bzw. das Pech auf der Fahrt nur so an sich zieht. Und so ist es dann auch. Lannec macht sich nun seine Gedanken, weil er seine Frau, zumindest auf dem Schiff, loswerden möchte, aber diese weigert sich standhaft. Ihn nervt seine Mischpoke, will sagen: Ehefrau, Schwiegermutter, Schwager, gewaltig. Er sinniert über seinen Schwager, den Bruder seiner Frau: »Denn Mathilde hatte einen Bruder, Oscar Pitard, einen Architekten, dem Madame Pitard die schönste Wohnung in ihrem Haus überlassen hatte. Seine Schwiegermutter meint: ›Dein Bruder muss dort seine Kundschaft empfangen. Es ist richtig, dass er besser untergebracht ist als du …‹ Kunden hatte er allerdings keine oder kaum welche. In Wahrheit steckte ihm Mutter Pitard Geld zu, damit er zu leben hatte, doch davon ungeschmälert hegte sie eine grenzenlose Bewunderung für ihn.« Die Schwiegermutter hat auch das Bestreben, ihren lebensuntüchtigen Sohn ständig zu loben und ihn in den Vordergrund zu stellen. Dies alles passt Lannec, dem tüchtigen Kapitän, überhaupt nicht. Er fühlt sich von dieser durch nichts begründeten Bewunderung in seiner Achtung und Ehre – er, der ja sein Handwerk versteht – gekränkt.[52] Die Bemühungen von Lannec, seine Frau vom Schiff zu bringen, schlagen immer wieder fehl. Seine Frau weigert sich standhaft, dies zu tun, obwohl sie unsagbar während der stürmischen Fahrt und weiterer Unwägbarkeiten, denen die Mannschaft zu begegnen und die sie zu überstehen hat, leidet. »Er [Lannec, R. B.] wollte nicht weich werden, dabei hatte er Mitleid mit ihr,

52 Simenon, Georges: *Die Pitards.* Roman. Hoffmann und Campe, Hamburg 2019, S. 87, S. 126.

wie sie da so kleinlaut immer weniger wurde. In ihrem Blick glaubte er etwas wie Bewunderung zu sehen, wie den tiefen Wunsch nach Unterwerfung.«[53] Lannec sucht seinerseits die Bewunderung seiner Frau, seiner angeheirateten Familie, die er, so ist man auch als Leser geneigt zu sagen, durchaus auch verdient. Er ist ein sehr guter Kapitän, der sein Metier beherrscht und auch einem anderen Schiff, das während dieser Fahrt in Seenot gerät, beisteht. Die Geschichte endet mit dem Tod von Mathilde. Die Moral von der G'schicht: Frauen haben auf hoher See nichts verloren!

53 Ebd.

6 Wer bewundert?

»Ein Dummkopf findet immer einen größeren Dummkopf, der ihn bewundert.«[54]

Menschen, die selbst nicht bewundert werden, könnte man auf die in der Überschrift gestellte Frage antworten. Wird man damit aber dem Phänomen der Bewunderung gerecht? Eine Frage gebiert eine weitere. Hilft das weiter? Und so weiter. Versuchen wir eine Antwort. Man könnte z. B. vermuten, dass Menschen, die denken, dass sie im Leben zu kurz gekommen sind, dies damit kompensieren, dass sie einen anderen Menschen (oder ein Ding) bewundern. Könnte sein, wäre auf jeden Fall nicht ganz abwegig. Aber hat nicht jeder Mensch, auch der, der vermeintlich alles hat, das Gefühl, dass er im Leben zu kurz gekommen ist, weil dies eben ein genuin menschliches Gefühl ist? Aber haben alle Menschen das Bedürfnis, zu bewundern? Mal mehr, mal weniger, mal nur für eine bestimmte Zeit, andere bewundern irgendwen, irgendetwas über eine lange Zeit, eventuell ihr ganzes Leben lang. Deshalb können wir auch sagen, dass im Grunde jeder Mensch dazu in der Lage ist. Es hängt wohl von der individuellen, persönlichen Bedürfnislage ab.

Somit könnte man weiter folgern, dass Bewunderung einen speziellen Ausschnitt aus der Gesamtheit menschlicher Verhaltensweisen darstellt. Bewunderung nimmt einen anderen Menschen sehr intensiv wahr, eventuell aber nicht den ganzen Menschen, sondern nur einen Ausschnitt von diesem Objekt, und blendet alles, was nicht in dieses konstruierte Bild hineinpasst, aus. Von daher ist die o. e. Frage, wer bewundert, im Grunde obsolet, weil, wenn alle Menschen zur Bewunderung fähig sind, man keine Differenzierung ausmachen kann. Bewunderung ist demnach als eine spezielle Färbung zwischenmenschlicher Wahrnehmung zu verstehen bzw. zu definieren.

Bewundern Frauen mehr als Männer, oder umgekehrt? Dies wäre noch eine weitere Fragestellung. Man könnte auch andersherum for-

54 Pierre Louis Boileau (1906–1989), zitiert nach: Ronner: *Zitaten Lexikon des 20. Jahrhunderts*, S. 69.

mulieren: ob nicht Männer eher zur Bewunderung fähig sind oder diese eher zu ihrem Naturell passt, oder eben nicht. Nun muss ich hier gestehen, dass ich im Grunde mit solchen geschlechtsspezifischen Fragestellungen relativ wenig anzufangen weiß. Sie sind mir zu gleichförmig, zu klischeehaft. Man könnte dann auch weiterfragen, ob Kinder oder pubertierende Menschen eher bewundern, ob homosexuell orientierte Menschen eher oder weniger bewundern, ob Greise mehr oder weniger bewundern als Greisinnen usw. Ich denke, dass diese Fragen zu gar nichts führen und gehe deshalb nicht weiter darauf ein. Es sind die persönlichen Bedürfnisse, die spezifische Lebenslage, in der sich ein Individuum befindet, die es veranlassen, sich seiner Bewunderung hinzugeben oder auch nicht, oder auch nicht mehr.

Auf einen besonderen Aspekt soll hier aber dennoch hingewiesen werden. Die erste Bewunderung eines jeden Menschen richtet sich mit großer Wahrscheinlichkeit an die Eltern, oder sogar nur an die stillende Mutter. Der Mensch wird ja bekanntlich als eine intrauterine Frühgeburt geboren, also eigentlich zu früh, und ist demnach ein Mängelwesen, wenn er auf die Welt kommt, d. h. geboren wird. Er ist somit hilflos und schutzbedürftig und befindet sich in einem Abhängigkeitsverhältnis. Dieses ist i. d. R. durch die Interaktion mit seinen Eltern, vornehmlich mit seiner Mutter, gekennzeichnet. Scheint es da nicht logisch zu sein, dass man den ersten Menschen, zu dem man aufschaut und der für die Befriedigung sämtlicher Bedürfnisse verantwortlich ist, auch bewundert? Wie kommt man in die Welt, wie wird einem der Zugang zu dieser geebnet, wenn nicht von den Eltern? Man kann wohl nicht anders, als diese dafür zu bewundern. Sie wissen ›alles‹, sie erklären einem, was richtig und was falsch ist. Dass man sich dann davon auch lösen muss, ist schon x-mal beschrieben worden, und ich brauche hier auf die Stürme der Pubertät nicht speziell einzugehen. Auf jeden Fall nimmt die Bewunderung in diesem Stadium massiv ab. Bis hin zu einem Zerwürfnis, das oft erst viel später wieder einigermaßen gekittet werden kann. Möglich, dass man dann in einem reiferen Alter, vor allem dann, wenn man selbst Kinder hat, dazu kommt, Vater und Mutter, oder eine/n von beiden, zu bewundern. Aber das braucht seine Zeit und ist auch nicht immer der Fall.

Eltern stellen natürlich in der Pubertätszeit ihrer Kinder auch fest, dass die bis anhin bestehende Bewunderung sich verflüchtigt hat. Das kann man auch nicht immer einfach so hinnehmen, und es kommen vielleicht auch schon Gefühle der Eifersucht auf, wenn das eigene Kind sich von einem abwendet, die bisher erbrachte Erziehungsleistung sogar infrage stellt und sich mit seiner Bewunderung einer anderen Sache, einem anderen Menschen zuwendet, den man als Elternteil nun wirklich abscheulich findet, für völlig daneben hält etc.

So habe ich noch in lebhafter Erinnerung, wie mein Vater sich immer wieder in sehr abfälliger Art und Weise über den bereits hier angesprochenen Olympiamedaillengewinner äußerte, den ich mit 14 Jahren über alle Maßen bewunderte. Dass diese Bewunderung dann auch einer Ernüchterung Platz machen musste, habe ich ebenfalls schon erwähnt. Aber die Bewunderung für meinen Vater war weg und kam auch nie mehr wieder.

Ein gegenteiliger Fall wurde vor einiger Zeit in einer Provinzzeitung[55] veröffentlicht. Es ging hierbei um eine Musiklehrerin für Violoncello, die als Kind ihre eigene Musiklehrerin grenzenlos bewundert hatte. Bemerkenswert ist hierbei, dass ihre Liebe zur Musik und auch zur Musikausübung auch im Teenageralter nicht nachließ. Man musste sie nahezu, so wird berichtet, vom ständigen Üben abhalten. Sie spielt heute in verschiedenen Orchestern mit und beabsichtigt, bis zu ihrem Tod zu spielen. Ihre Eltern, die nicht sehr begütert waren, standen ihr nie im Weg und unterstützten sie nach Möglichkeiten, sodass man sagen kann, dass ihre Bewunderung in eine lebenslange Tätigkeit überführt werden konnte. Ihr Ziel ist es seit Jahren, ihre Bewunderung für ›ihr‹ Instrument an andere Menschen weiterzugeben, und so ist sie nach wie vor mit dieser Bewunderung unterwegs, die einen großen und wichtigen Teil ihres Lebens ausmacht. Dieser Prozess dauert nun schon über 40 Jahre und ein Ende ist nicht absehbar. Ihre Liebe zur Musik und zum Instrument – sie bezeichnet es selbst mit diesem Begriff – begann, als sie neun Jahre alt war.

---

55 Gassmann, Larissa: »Als Kind hat sie ihre Lehrerinnen bewundert«, in: *Limmattaler Zeitung*, 24. Februar 2022, S. 7.

Etwas anders liegt der Fall, wenn man selbst bemerkt, dass man bewundert wird. Das kann einem schmeicheln. Aber wenn man darüber nachdenkt, kommt man zum Schluss, dass dies eine nicht so gute Art und Weise ist, mit sich selbst umzugehen. Es bleibt dann ein schales Gefühl, weil man im Grunde sehr wohl weiß, dass man ob des Sich-Bewundern-Lassens im Grunde nicht stolz sein kann. Schmeicheleien sind hohl, und darauf lässt sich nichts Gutes aufbauen. Bereits Montaigne (1533–1592) schrieb: »Ich will lieber mit Leuten verkehren, die mich hart herannehmen, als mit solchen, die Angst vor mir haben; es macht keinen Spaß und verdirbt den Charakter, wenn wir mit Menschen zu tun haben, die uns immer bewundern und den Vortritt lassen.«[56] Er weist dann auch darauf hin, dass Antisthenes, ein antiker griechischer Philosoph, von seinen Kindern verlangte, dass sie sich nicht loben ließen oder sich sogar dankbar fühlen sollten, wenn sie gelobt wurden. Dies, so meinte Montaigne weiter, wäre dann ein ehrenwerter Sieg über sich selbst.

Bleiben wir noch etwas bei den ›großen‹ Philosophen. Man könnte die Bewunderung auch von einer anderen Seite her angehen. Damit meine ich, dass der Bewunderer das bewunderte Objekt mit Würde versieht. Würde hier verstanden als ein innerer, ein inhärenter Wert, der dem Bewunderer nicht verhandelbar erscheint. Diese Würde ist für den Bewunderer grenzenlos. »Diese Würde kommt nun, Kant zufolge, gerade uns Vernunftwesen zu. Wir sind es, die diesen unvergleichbaren und inneren Wert aufweisen, der Achtung verdient.«[57] Es ist hier unschwer einzusehen, dass man die von Kant benannte Achtung auch mit einer gesteigerten Bewunderung gleichsetzen könnte. Da wir Menschen, nach Kant, autonom und vernunftbegabt sind, sind wir überhaupt zur Bewunderung fähig. Tiere und Menschen mit einer sehr starken kognitiven Einschränkung bewundern nicht. Nur wir Menschen bewundern; dabei spielt es hier keine Rolle, ob diese Bewunderung auch vernünftig ist, sondern allein, dass wir aufgrund unserer Kompetenz selbst entscheiden können, was, wie und wo wir bewundern. Das ist der entscheidende Punkt. Wenn wir be-

56 Montaigne, Michel de: *Die Essais*. Anaconda, Köln 2005, S. 329.

57 Henning, Tim: *Kants Ethik. Eine Einführung*. Reclam, Stuttgart 2016, S. 100.

wundern, hat das bewunderte Objekt für uns Würde, und die hält so lange an, wie wir bewundern. Dass diese dann auch in Hass umschlagen kann und wir dem Objekt jegliche Anerkennung, jeglichen Respekt verweigern, führt dazu, dass diesem Objekt dann auch keine innere Würde mehr zugesprochen wird. Diese Ansicht weicht etwas von derjenigen Kants ab, der den Begriff der Würde in einem umfassenden Sinn verwendet und jedem vernunftbegabten Wesen Würde zuspricht. Mir ging es weniger um die Würde als allgemeine Werthaltung einem vernunftbegabten Wesen gegenüber, sondern lediglich darum, aufzuzeigen, in welcher Verfassung der Mensch sich befindet, wenn er uneingeschränkt, vorbehaltlos bewundert. Dass diese Bewunderung sich in ihr Gegenteil verkehren bzw. einfach erkalten kann, erscheint mir logisch und ist wohl nicht selten auch so anzutreffen.

7 Wann wird bewundert?

Wie an anderer Stelle bereits erwähnt, werden Personen, Dinge, Sachverhalte bewundert, die modern, die ›in‹ sind. Modernitäten, inklusive Menschen, die dafür stehen, generieren Situationen mit einem hohen Sozialprestige und werden deshalb bewundert. Jede Zeit hat ihre Helden, personeller oder sachlicher Natur. Greta Thunberg wäre in früheren Jahren, Jahrzehnten nie zu einer bewunderten Führungsperson geworden und hätte nie verkünden können, dürfen, dass man am Freitag nicht zur Schule zu gehen brauche, weil man dann für das Klima demonstrieren müsse. Es wäre als absurd abgetan und sie verlacht worden. Wir stellen deshalb fest, Bewunderung unterliegt immer auch einem Zeitfaktor, besser: dem Zeitgeist. Das Objekt der Bewunderung muss nicht nur zur Stelle sein, es muss auch das Timing stimmen. Ein bewunderungswürdiges Objekt zur falschen Zeit wird nicht bewundert und ist somit auch nicht bewunderungswürdig.

Man könnte fragen: Wird in Krisenzeiten mehr bewundert? Oder andersherum formuliert: Benötigen die Menschen in Zeiten der Gefahr mehr Objekte, die bewundert werden können? Intuitiv könnte man sagen: Ja. Eine logische Herleitung wäre die Überlegung, dass Menschen in Krisenzeiten sich hilfloser, mehr dem selbst nicht steuer- und regulierbaren Schicksal ausgeliefert sind bzw. sich ausgeliefert fühlen, sodass sie vermehrt nach einem Rettungsanker greifen wollen. Dies könnte dann natürlich ein Ding, eine Person sein, zu dem oder der sie sich – aus was für Gründen auch immer – hingezogen fühlen. Das könn(t)en dann natürlich durch Medien transportierte Vorbilder sein. Diese müssen zur rechten Zeit am rechten Ort sein. Aber sie müssen auch Bedürfnisse befriedigen können, d. h., sie müssen Hoffnungsträger sein und sie unterliegen dem jeweiligen Zeitgeist. Aber die Frage, ob es gesellschaftliche Strömungen gibt, die das Bewundern eher fördern oder eher hemmen, bleibt bestehen. So kann ich mir durchaus vorstellen, dass in Zeiten des Nationalsozialismus, wo sehr stark mit Vorbildern gearbeitet wurde, oder auch in sozialistischen Staaten, wo Menschen für besondere Leistungen, die sie für die Allgemeinheit vollbracht haben, besonders geehrt wurden, die Bewunderung grundsätzlich eine größere Rolle gespielt haben könnte. Inwieweit diese hier angesprochene Bewunderung dann auch wirklich echt oder ob sie nur eben der Parteiparole geschuldet war, lassen wir hier einmal dahingestellt. In amerikanischen Romanen, insbesondere solchen, die nach dem Vietnamkrieg geschrieben worden sind, gibt es immer mal wieder eine Stelle, wo ein Vietnamveteran, von dem bekannt ist, dass er eine Auszeichnung erhalten hat (Purple Heart z. B.), besondere Bewunderung erfährt. Auch in Nichtkriegszeiten ist es unter Männern (teilweise) so, dass jemand, der bei einer besonderen (Elite-)Einheit seinen Militärdienst absolviert hat, ein gewisses Maß an Bewunderung ›einheimsen‹ kann. Dies kann ich aus persönlicher Erfahrung (Grenadier) bestätigen.

Bewunderung kann man auch bei der Nennung des Berufs erfahren. Ein Pilot wird bewundert, ein Fliesenleger schon bedeutend weniger, wenn überhaupt. Ein Konzertpianist wird auch bewundert, ein Koch an einem Imbissstand eher nicht. Wenn also für einen Beruf besondere Fähig- und Fertigkeiten verlangt werden, über die nur wenige Menschen verfügen, steigt der Bewunderungsgrad. Das ist einsichtig, nicht neu und bedarf keiner weiteren Erklärung. Bewunderung erfährt man aber auch, wenn man angibt, dass man mit schwer- und mehrfachbehinderten Menschen arbeitet. Da hört man dann (ich rede hier aus eigener Erfahrung): »Oh, das könnte ich nicht, das bewundere ich, dass du das kannst.« Ich unterstelle hier, dass für mich bei dieser Aussage im Hinterkopf des Sprechenden immer auch noch der Zusatz mitschwingt: »Schön, dass du das machst, dann brauche ich es nicht zu tun.« Da mutiert dann Bewunderung zu einem Lippenbekenntnis und hinterlässt einen schalen Nachgeschmack. Letztendlich sind aber alle beruflichen Tätigkeiten für das Funktionieren einer Gesellschaft notwendig und sollten weniger mit einem Prestigegedanken verknüpft sein. Aber da, wie bereits mehrfach erwähnt, Bewunderung eine grundlegende menschliche Verhaltensweise ist, macht sie eben auch vor einer beruflichen Prestige-Skalierung nicht Halt und bewertet den Astronauten höher als den Arbeiter bei der Müllabfuhr, will sagen: bewundert den Ersteren mehr als den Zweitgenannten. Welchen es eher braucht, lasse ich hier einmal dahingestellt.

Eine andere Frage wäre, ob sensible Menschen anfälliger sind, Bewunderer zu sein. Diese Frage ist m. E. nicht schlüssig zu beantworten, weil vorgängig geklärt werden müsste, was man unter ›sensibel‹ zu verstehen hat. Es kann ja auch sein, dass jemand nach dem Dafürhalten seiner Umgebung nicht als besonders sensibel gilt, aber in Bezug auf ein Objekt plötzlich eine starke Affinität in Richtung Bewunderung zeigt. Ist er dann grundsätzlich sensibler geworden oder gilt das nur für das betreffende, seiner Meinung nach besonders lohnende Objekt, sodass er sich quasi genötigt fühlt, dieses zu bewundern?

Könnte es vielleicht nicht eher so sein – eine andere Frage zum ›Wann‹ –, dass man in der Pubertät eher zu Schwärmereien tendiert, die dann als Bewunderung verstanden werden können? Wenn man dann bereits einige Enttäuschungen in seinem Erwachsenenleben hat hinnehmen müssen, verhält man sich in Bezug auf bewundernswerte Objekte zurückhaltender. Für meine Person würde ich dies so als zutreffend bezeichnen. Junge Menschen neigen eher zum Bewundern als alte. Möglich, dass alte Menschen eher das Bedürfnis haben, bewundert zu werden, je nach Charakter.

Ein ganz anderer Bewunderungsfall wird in dem Krimi »Der Hauptmann und der Mörder«[58] geschildert. Die Geschichte ist hochkomplex und kann hier in ihrer Komplexität nicht annähernd geschildert werden. In dieser Passage geht es um Meng und Pei. Diese haben sich vor 18 Jahren geliebt und waren ein Paar; beide besuchten die Polizeihochschule und waren außerordentlich begabte Studenten. Unter lange ungeklärten Umständen kam dann die Frau, Meng, bei einem Bombenattentat ums Leben. Pei, der Mann, ist auch nach 18 Jahren immer noch Polizist. Er ist mittlerweile Hauptmann bei der Kriminalpolizei in Longzhou und gehört der Truppe an, die einen Serienkiller jagt, der sich Eumenides nennt. Er wird in der hier angesprochenen Passage des Buches von der Psychologin Mu Jianyun, die Dozentin an der Polizeiakademie von Sichuan ist, verhört. Pei versucht nun dieser Frau seine frühere Beziehung zu Meng zu erklären.

> Der scharfe Ton der Anklage in Mus Stimme ließ Pei zusammenzucken. Der Mörder selbst hatte die Polizei mit ebendiesem Wort

58 Haohui, Zhou: *Der Hauptmann und der Mörder.* Thriller. Heyne, München 2022, S. 198.

> verspottet, während er Peng Guangfu folterte. »Es fällt Ihnen vielleicht schwer zu verstehen, was für eine Beziehung Meng und mich verbunden hat. Je mehr wir uns geliebt haben, desto stärker wurde unsere Rivalität. Wir haben einander bewundert und respektiert, aber keiner von uns konnte den anderen zähmen.« Fast verträumt schüttelte er den Kopf. »Ein seltsames Gefühl. Sie würden das nicht begreifen.«
>
> Mu lächelte. »Doch.«
>
> »Wirklich?« Pei hob eine Augenbraue.
>
> »Sie waren beide Skorpione. Wenn zwei Skorpione aufeinandertreffen, endet die Begegnung immer mit einem Sieg für eine Seite. Und nur eine.«[59]

Inwieweit sich die hier dargestellten Protagonisten, Meng und Pei, wirklich gegenseitig bewundert haben, lässt sich aus der Geschichte nicht eruieren, da ja Meng zu dem Zeitpunkt, an dem diese im Buch beschriebene Passage spielt, als tot gilt. Dies wird dann im Laufe der Geschichte immer mal wieder infrage gestellt, was hier aber nicht weiter von Belang ist. Interessant finde ich den Vergleich mit den Skorpionen, die sich, so soll es wohl verstanden werden, gegenseitig bewundern, sich aber gleichzeitig auch töten müssen. Man kann wohl davon ausgehen, dass dies den Skorpionen selbst nicht bewusst ist und es sich um einen Mensch-Tier-Vergleich handelt. Man kann lediglich daraus schließen, dass gegenseitige Bewunderung, die sich zwangsläufig auch immer zu gegenseitig motivierten Höchstleistungen provoziert, eine besondere Form der Bewunderung darstellt. Diese Form der Bewunderung lebt davon, dass man sein Gegenüber nur bewundern kann, wenn dieses einen herausfordert und man dadurch gezwungen wird, selbst eine weitere Höchstleistung zu vollbringen, damit man – sozusagen – im Spiel bleibt, bleiben kann, darf. Aber wie gesagt, ob dies nur eine Interpretation von Pei ist und Meng vielleicht, könnte sie dazu noch Stellung nehmen, es ganz anders erlebt hat, wissen wir nicht, und es spielt für den Plot dieses Thrillers auch keine matchentscheidende Rolle.

59 Ebd.

Auch in einem asiatischen, aber völlig anderen Kontext finde ich die Passage aus einem japanischen Roman.[60] Hier geht es darum, dass anlässlich eines groß angelegten Geburtstagsfestes mit sehr vielen eingeladenen Menschen ein Giftanschlag auf die gesamte Gesellschaft verübt wurde. Sowohl der Sake wie auch die Süßigkeiten für die Kinder sind vergiftet worden, und es sterben 17 Menschen, einige wenige überleben. Der Aufbau des Romans gestaltet sich so, dass die Geschehnisse von verschiedenen Protagonisten, die irgendwie mit dem Vorkommnis in einer Verbindung stehen (Polizei, Bekannte, nicht anwesende Geschwister etc.), aus deren jeweiliger Sicht geschildert werden. Eine junge Frau hat dann auch unter dem Titel »Das vergessene Fest« ein Buch über die Tat geschrieben. Sie meint dann: »Natürlich ist das nur meine Meinung, aber das Konzept des Seltsamen ist ein wichtiger Faktor in der japanischen Kultur. Es bedeutet, einen Schritt zurückzutreten, um etwas zu bewundern, das vielleicht ein wenig abweichend oder in irgendeiner Weise beunruhigend ist. Von etwas Abstoßendem den Blick nicht abzuwenden, sondern es kühl zu betrachten und als eine Art von Schönheit zu bewundern, sich daran zu erfreuen. [...] Das Schriftzeichen kann zugleich ›verdächtig‹ und ›ungewöhnlich‹ bedeuten. Darin steckt für mich ein grotesker Humor. Ein selbstironischer Scherz, ein böses Erwachen, etwas wie ein stechender Blick.«[61]

Wenden wir uns einer anderen Thematik zu und fragen wir, ob heute mehr bewundert wird als früher. Diese Frage ist sehr schwierig zu beantworten, schon alleine deshalb, weil in der Frage nicht klar wird, was unter ›früher‹ zu verstehen ist. Meint man damit die Antike oder die Zeit der Perser oder sogar die Steinzeitepoche, oder setzt man erst bei der Aufklärung ein und untersucht, inwieweit die Entdecker, Kolumbus oder Vasco da Gama, Cortez bewundert worden sind? Wurde in der früheren Zeit ehrlicher bewundert, selbstloser? Das vermag ich nicht zu sagen. Influencer leben ja ausschließlich davon, dass sie bewundert werden. Wobei ich mich frage, wofür sie eigentlich bewundert werden. Dafür, dass sie es geschafft haben, InfluencerIn zu

60 Onda, Riku: *Die Aosawa-Morde.* Kriminalroman. Atrium, Zürich 2022, S. 23.

61 Ebd.

werden und so und so viele Follower haben? Dazu habe ich mich an anderer Stelle bereits geäußert und werde es auch im Folgenden noch tun. Das Influencer-Wesen hat es mir besonders angetan, weil ich es als eine in höchstem Maße fragwürdige Art der Bewunderung empfinde. Aber es muss in diesem Buch eine angemessene Berücksichtigung finden, egal, was ich, aus moralischen Gründen, davon halte.

Ich gehe davon aus, dass der Vorgang der Bewunderung nicht neu ist und dass es, seit es Menschen mit einem Bewusstsein ihrer selbst gibt, immer auch Bewunderung gab und geben wird – Bewunderung, eben verstanden als ein interaktives Geschehen. Sodass man dann, nach dieser Feststellung, die ja so weltbewegend auch wieder nicht ist, zu der Frage gelangt, ob es zwischen gesellschaftlichen Ereignissen und der Bewunderung einen Zusammenhang gibt. Ich denke, schon. Wenn jemand mit einem Doppeldeckerflugzeug zum ersten Mal ein großes Meer überfliegt, nötigt das einem schon Bewunderung ab, zumal es ja auch ein großes Medienereignis darstellt. Wenn ein Schwede im Schwergewicht Boxweltmeister wird, dann passiert das Gleiche. Dass er dann den Rückkampf gleich wieder verliert, schmälert seine vorgängig erbrachte Leistung und die damit verbundene Bewunderung nicht. Sogenannte große Ereignisse generieren immer ein großes Maß an Bewunderung. Keine Frage.

Eine etwas andere Sicht vertritt die Nobelpreisträgerin für Literatur (2022), die Französin Annie Ernaux, in ihrem Buch »Der Platz«. Sie beschreibt da ihr Erwachsenwerden in einer niedrigeren Gesellschaftsschicht in Frankreich in der Zeit rund um den Zweiten Weltkrieg. Ihre Eltern versuchten sich mit einem Kolonialwarenladen – so hießen die früher eben – über Wasser zu halten. Damit gehörten sie nicht mehr zu den Allerärmsten. Von diesen ließen sie auch anschreiben, wenn sie ihre Lebensmittel nicht direkt bezahlen konnten. Erstaunlich an der folgenden Passage aus dem Buch ist, dass der Mann seiner Frau die Führung des Ladens mehr oder weniger überlässt. Dies ist allerdings auch dem Umstand geschuldet, dass er noch einer Beschäftigung in einer Ölraffinerie im Schichtdienst nachgehen muss. Es geht hier jetzt also um die Mutter bzw. das Verhältnis der Eltern zueinander: »Sie war ganz und gar Chefin, im weißen Kittel. Er behielt seinen Blaumann an, wenn er Kunden bediente. Sie sagte nicht wie andere

Frauen: ›Mein Mann wird mich ausschimpfen, wenn ich das und das kaufe, wenn ich da und hingehe.‹ *Sie machte ihm die Hölle heiß* [kursiv i. O.], damit er wieder zur Messe ging, was er seit dem Wehrdienst nicht mehr getan hatte, und damit er sich seine *schlechten Manieren* [kursiv i. O.] (d. h., die eines Bauern oder Arbeiters) abgewöhnte. Er überließ ihr die Bestellungen und die Buchführung. Sie war eine Frau, die überall hingehen konnte, anders gesagt, die sich über gesellschaftliche Schranken hinwegsetzte. Er bewunderte sie, lachte sie aber auch aus, wenn sie sagte: ›Ich habe einen Darmwind gelassen.‹«[62]

In der folgenden Passage aus einem wirklich beeindruckenden Buch von Richard Flanagan geht es um einen japanischen ehemaligen Soldaten, der während des Zweiten Weltkriegs Aufseher in einem Lager mit gefangen gehaltenen australischen Soldaten ist. Er zeichnet sich durch seine besondere Grausamkeit aus. Nach dem Krieg läutert er sich zu einem guten Menschen und lernt eine Frau kennen, mit der er dann in großer Harmonie zu leben lernt. »Manchmal war er von der Gesundheit, die sie ausstrahlte und die am deutlichsten in ihrem trägen Lächeln zum Ausdruck kam, ganz überwältigt. Jeden Morgen vor der Arbeit stand sie zwei Stunden früher auf, um all seine Bedürfnisse zu erfüllen. Er bewunderte sie für ihren Pragmatismus, doch am allermeisten sehnte er sich nach ihrer Gegenwart und ihren Berührungen.«[63] In diesem sehr differenziert geschriebenen Roman habe ich aber dennoch bis zum Schluss nicht verstanden, wie dieser sich äußerst grausam verhaltende Mann nun zu einem gutherzigen Zeitgenossen werden, sich verwandeln konnte. Zumal er ja seine Verhaltensweisen während des Krieges bzw. als Aufseher in diesem Kriegsgefangenenlager nie als falsch einstufte, weil sein Tun für den Kaiser (Tenno) erfolgte. Ich habe mich beim Lesen immer wieder gefragt, wo seine Einsicht bleibt. Letztendlich konnte ich ihn als Leser eben doch nicht dafür bewundern, dass er nach dem Krieg zu einem sanften Menschen geworden war. Aber nun gut, muss man immer alles verstehen, um es bewundern zu können?

---

62 Ernaux, Annie: *Der Platz.* Suhrkamp, Berlin 2020, S. 36.

63 Flanagan, Richard: *Der schmale Pfad durchs Hinterland.* Roman. Piper, München 2017, S. 372.

8 Wie leiden wir, wenn wir nicht bewundert werden?

Kein Grund zur Bewunderung

Ein Mensch Bewunderung gewann,
zieht neugierige Blicke an.
Übers Wasser läuft,
hierbei nicht absäuft.
Aber nicht mal schwimmen er kann.[64]

Bewundert zu werden, kann auch als ein als existenzielles Bedürfnis verstanden werden. Es bedeutet, dass ich von anderen Menschen, von meiner Umwelt wahrgenommen werde. Ich bin auch da, bin auch Existenz, und so wie ich euch sehe, möchte ich auch von euch »wahr«-genommen werden. So können dann auch Neidgefühle bei demjenigen entstehen, der registriert, dass der Andere beachtet wird, er aber nicht. Dieser Neid kann sich auch zu einem Hass entwickeln. Studien haben gezeigt, dass Menschen, i. d. R. Männer, die ihr Leben lang darunter gelitten haben, dass sie nicht beachtet wurden, sich dazu hinreißen lassen können, eines Tages – für die Umwelt erscheint es dann wie aus dem Nichts – eine Wahnsinnstat begehen können, die dann in der Presse als ›Amoklauf‹ bezeichnet wird. Der Sinn dieser Taten ist immer der, andere Menschenleben auszulöschen. Denn wenn diese Menschen tot sind, nicht mehr existieren, dann können sie auch nicht gesehen, angesprochen, eben: wahrgenommen werden. Sie können nur noch »falsch«-genommen werden, und das macht keinen Sinn. Wohl auch aus diesem Grund werden diese Taten dann als sinnlos bezeichnet, was m. E. aber die Sache nicht trifft. Für den Täter ergibt sich damit ein großer Sinn, weil er Menschen aus dem Sichtfeld entfernt und meistens dann sich selbst, am Schluss, auch. Das könnte dann heißen: Wenn ihr mich nicht seht, nicht sehen wollt, will ich euch auch nicht sehen und lösche euch aus. Dann habt ihr wenigstens einen Grund, dass ihr mich nicht (mehr) sehen könnt.

---

64 Siepler, Werner: *Limericks*. o. O., 2016.

Niemand braucht mich dann noch zu sehen, weil es mich gar nicht (mehr) gibt.

Weniger hart, schlimm trifft es die Menschen, die auf eine Person eifersüchtig sind, die allgemein bewundert wird. Haben wir dies nicht alle schon einmal gespürt, erlebt? Wir hatten gegenüber einer Person ungute Gefühle, weil diese bewundert wird. Vielleicht sind wir dann sogar der Meinung, dass dieser Mensch dieses Maß an Bewunderung gar nicht verdient hätte. Wir sind neidisch, neiden ihm die erhaltene Bewunderung und müssen somit seine Leistung schmälern. Ob zu Recht oder Unrecht, ist irrelevant. Wir sind der Meinung, dass ... und sind damit, warum auch immer, nicht einverstanden. Irgendwie müssen wir damit umgehen. Wir sagen dann, dass diese Person oder ihre Tat, oder dieser Film, diese sportliche Leistung, heillos überschätzt wird. Man versteht einfach nicht, warum darüber so ein Tamtam gemacht werden kann, oder Ähnliches. In der heutigen Zeit ist es mittels der Social Media dann möglich, anonym meinen Frust loszuwerden, indem ich sogenannte Hassmails verschicke. Gerade Menschen, die in der Öffentlichkeit stehen, werden oft Opfer solcher Shitstorms und haben keine Chance, sich dagegen zu wehren. Das Netz bietet ihnen keinen Schutz, und das können Neider hemmungslos ausnützen und tun es auch. Dass hierbei dann auch Hass auf die eigene Person auf diese öffentliche Person projiziert wird, scheint mir einsichtig zu sein. Bekannt geworden sind auch Fälle, bei denen sich insbesondere jugendliche Menschen, die über Social Media verletzt und endlos angepöbelt worden sind, suizidiert haben.[65] Letztlich ist es aber der Hass auf sich selbst, auf die Gesellschaft und damit auch auf das eigene Versagen, der zu dieser Anti-Bewunderung führt und damit auch unsägliches Leid entfachen kann.

Nicht selten wird dann auch die eigene Person in einer für Außenstehende nicht nachvollziehbaren Art und Weise erhöht. Wenn jemand Bewunderung vermisst – ob zu Recht oder zu Unrecht, ist wieder unwesentlich –, dann ist dieser Mensch unglücklich und sucht Mittel und Wege, mit dieser Lebensfrustration umgehen zu

65 Siehe z. B.: Asher, Jay: *Tote Mädchen lügen nicht.* Cbt Taschenbuch, München 2012.

können. Womit wir wieder bei den Social Media angelangt wären. Diese Form der Anti-Kommunikation ermöglicht nicht nur, den eigenen Hass zu versprühen, sondern, und das belegen Studien ebenfalls, kann die eigene Selbstwahrnehmung in ungeahnte Höhen treiben und somit nur noch als neurotisch bezeichnet werden. Eventuell sogar auch als psychotisch. Social Media tragen immanent die Gefahr in sich, dass der Realitätsbezug bei insbesondere jungen Menschen verloren geht. Ihr Vis-à-vis ist kein realer Mensch mit Gestik und Mimik, sondern ein Bildschirm. Damit fällt eine Instanz, die einen selbst anschaut, völlig weg. Dies scheint mir ein wichtiger Grund dafür zu sein, dass man seinen eigenen Hassgefühlen ungezügelten Lauf lassen kann. Befragungen bei Jugendlichen haben ergeben, dass ihnen bei dem o. e. Suizid eines jungen Mädchens, das monatelang im Netz auf das Massivste angefeindet, angepöbelt worden ist, überhaupt nicht klar war, was sie damit anrichten. Sie fielen quasi aus allen Wolken, als sie erfuhren, dass dieses Mädchen sich umgebracht hatte.

Wie es jemandem geht, dem die Bewunderung verweigert wird, hat Heinrich Heine in einem Gedicht verarbeitet.[66] Das Gedicht gibt eine persönliche Erfahrung von Heine wieder, der unsterblich in seine Cousine Amalie verliebt war. Diese aber nicht in ihn. Amalie liebt jemand anderen, aber der wiederum liebt nicht Amalie.

Ein Jüngling liebt ein Mädchen
Ein Jüngling liebt ein Mädchen,
die hat einen andern erwählt;
der andre liebt eine andre,
und hat sich mit dieser vermählt.
Das Mädchen heiratet aus Ärger
Den ersten besten Mann,
der ihr in den Weg gelaufen;
der Jüngling ist übel dran.
Es ist eine alte Geschichte,
doch bleibt sie immer neu;

66 Heine, Heinrich: »Ein Jüngling liebt ein Mädchen«, in: Hahn (Hg.): *Gedichte fürs Gedächtnis*, S. 75.

und wem sie just passieret,
dem bricht das Herz entzwei.

Betrachten wir ein anderes Beispiel des Schweizer Journalisten und Schriftstellers Niklaus Meienberg, der sich mit 53 Jahren suizidiert hatte:

Komm o Tod des Schlafes Bruder
Lös mich aus der Sippe
Pack an pack das Steuerruder
Hurtig wetz die Hippe

Schau! Ich hab die Nase voll
Alles kotzt mich an
Möchte mich von dannen troll
Ein frisch auf, himmelan

Oder höllwärts, wie du meinst
Das ist mir nun wurst
Immerhin! War ich dereinst
Voll von Wissensdurst

Höll und Himmel sind enttarnt
Alles ist gewälzt
Hat uns Sisyphus gewarnt
Rollt der Stein von selbst

Langeweile nagt am Land
Sieh doch unsere Köpfe
Voll von Gift und hirnverbrannt
Morsche Blumentöpfe

Rabenschwarz sind Meer und Himmel
Und der Abgrund steht zum Kauf
Grauer zäher dichter Schimmel
Liegt den Dingen auf

Etwas Neues gibt es nicht
Ist die Welt auch tief
Lebe wer da leben mag
Radioaktiv

Aber auch von Dir, Sire
Ist nichts mehr zu hoffen
Bringst die Wünsche nicht ins Lot
Alles ist geloffen

Kommst in einer leeren Wüstenei
Immer nur dir selbst entgegen
Geht die Hoffnung ganz entzwei
Und bespuckt das Leben[67]

Natürlich sprechen aus diesem Gedicht Meienbergs große und tiefe Depression sowie die Enttäuschung über die moderne Welt und wohl auch ihr Versagen. Aber man kann auch feststellen, dass ihm jegliche Bewunderung für Elemente, Personen, Geschehnisse etc. der modernen Welt nichts (mehr) bedeutet. Die Vielseitigkeit der modernen Welt ist ihm in seinem Röhrenblick, der für Menschen, die sich suizidieren, typisch ist, verloren gegangen. Wäre der Autor noch zu einem Fünkchen Bewunderung, für was auch immer, fähig gewesen, würde er vielleicht noch leben.

Wenn wir nicht bewundert, man könnte auch sagen: respektiert werden oder man uns, nach unserem eigenen Dafürhalten, mit zu wenig Achtung begegnet, so kann man auch von einer Kränkung sprechen: Nicht bewundert zu werden, kommt einer Kränkung gleich. Diese wird uns von außen zugefügt, bzw. wir interpretieren es in dieser Art und Weise. Kränkungen haben aber immer auch mit Ängsten zu tun. Bärbel Wardetzki hat eine Reihe dieser Kränkungen aufgelistet, die natürlich immer individuell unterschiedliche Auswirkungen haben und je nach Person und Persönlichkeit anders wahrgenommen und ausgelebt werden:

- Wertlosigkeit/Nichtigkeit
- Abgelehntwerden/Liebesverlust
- Nicht dazugehören
- Falsch sein/alles falsch machen

67 Meienberg, Niklaus: »Postmodern«, in: Matt von, Peter; Vaihinger, Dirk (Hgg.): *Die schönsten Gedichte der Schweiz.* Nagel & Kimche, München/Wien 2002, S. 188.

- Sich nicht verlassen können, nicht vertrauen können
- Sich schuldig machen
- Nicht genug sein
- Nicht verstanden werden
- Verlassenheitsangst
- Vernichtungsangst/Fragmentierungsangst (d. h. die Angst, auseinanderzufallen)[68]

Wenn wir (warum auch immer) das Gefühl bekommen, dass wir zurückgewiesen werden, dass das für uns notwendige Quantum an Bewunderung fehlt, dann löst dies Schmerz, Scham, Verzweiflung und/oder auch Angst aus. Diese in hohem Maße unangenehmen Gefühlszustände werden abgelehnt. Man ist versucht, sich diesen entgegenzustellen, sie zu vermeiden. Es werden innere Abwehrmaßnahmen ergriffen. Diese zeigen sich in Wut, Verachtung des Gegenübers. Aber auch Ohnmachtsgefühle, Enttäuschung und/oder Trotz können Folgen dieser vermissten Bewunderung sein. Reaktionen im Bereich des Handelns können dann sein: Rache, Gewalt, Beziehungsabbrüche, aber auch Suizid.[69]

Eine übersteigerte Bewunderung könnte auch in eine Form der blinden Verehrung umschlagen. Diese Person verliert den Bezug zu sich selbst und lebt nur noch als ein Vis-à-vis der verehrten Person und bewundert diese grenzenlos. Die Grenzen, die Abgrenzung zur eigenen Person, zum eigenen Ich, verschwimmen und die Ich-Identität löst sich auf und sucht die Vereinigung mit dem bewunderten, hoch verehrten Modell, das zu einem Alter Ego wird. Dies kann auf die Dauer nicht gut gehen und führt zu einer massiven Persönlichkeitsstörung. Wie kann man da herausfinden? Natürlich durch einen therapeutischen Prozess, durch psychologisch-psychiatrische Hilfe, Unterstützung. Und wenn dies nicht gelingt?

Der österreichische Schriftsteller Peter Altenberg (1859–1919) meinte: »Die geschickteste Art, einen Konkurrenten zu besiegen,

---

68 Wardetzki, Bärbel: *Ohrfeige für die Seele. Wie wir mit Kränkung und Zurückweisung besser umgehen können.* dtv, München 2020, S. 73/74.

69 Vgl. ebd., S. 18.

ist, ihn in dem zu bewundern, worin er besser ist.«[70] Und Eric Satie (1866–1933) ergänzte: »Je länger ich die Menschen kenne, desto mehr bewundere ich die Hunde.«[71] Ein weiteres negatives Beispiel für misslungene Bewunderung liefert eine Untersuchung von Abraham Tesser, der festgestellt haben soll, dass insbesondere bei Vergleichen, bei denen man schlechter abschneidet, so etwas wie Neidgefühle entstehen können.[72] Im Grunde bewundert man den Besitzer eines Swimmingpools, äußert dann aber, dass so ein Swimmingpool doch auch sehr viel Arbeit mache. Man bewundert einen Mann, der sich einen Porsche leisten kann, meint aber, dass dieses Auto ein typisches Auto für Zuhälter sei o. Ä. Man bewundert einen Marathonläufer, der die Distanz in weniger als 3 Stunden absolviert, meint aber, dass man dazu im Grunde überhaupt keine Lust habe und es außerdem auch noch sehr ungesund sei. Dies alles sind Beispiele, bei denen Bewunderung im Spiel ist, die aber, aus unterschiedlichen Gründen, nicht ausgelebt werden kann und deshalb in ein negatives Gefühl der Ablehnung umschlägt. Ich bin mit Tesser einverstanden, dass es sich hierbei oft um Neidgefühle handeln kann, dass es aber letztendlich um eine verhinderte Bewunderung geht, die uns leiden lässt und mit der man in irgendeiner Art und Weise dann fertigwerden muss. Dies auch deswegen, um das eigene Selbstwertgefühl erhalten zu können.

Betrachten wir Sportler und Sportlerinnen, die es aufgrund ihrer Leistungen zu hohem Ansehen gebracht haben. Keine Frage, sie werden bewundert, auf goldenen Tabletts herumgereicht und gehen von einer Ehrung zur nächsten. Dann, eines Tages, für Außenstehende völlig überraschend, wird bekannt, dass diese Sportler bzw. Sportlerinnen ihre Leistungen aufgrund von Doping, egal welcher Art, erbracht haben. Das kann ein Leichtathlet sein, ein Mountainbiker, ein Radfahrer, ein Judoka usw. Es scheint, als ob das Geld nicht so eine große Rolle gespielt hat dabei. Denn es ist bekannt, dass auch in Sportarten wie z. B. dem Judo Geld quasi überhaupt keine Rolle spielt. Es ist wohl immer wieder die Bewunderung, die man als er-

70 Zitiert nach: Ronner: *Zitaten Lexikon des 20. Jahrhunderts*, S. 69.

71 Zitiert nach: ebd.

72 Vgl. Hartlieb, Gabriele (Hg.): *Sehnsucht. Was Menschen bewegt.* Kreuz-Verlag, Freiburg i. Br. 2012, S. 15/16.

folgreicher Sportler erhält, und diese bricht nun zusammen. Und dies geschieht i. d. R. gewaltig. Will sagen, wenn sich die Öffentlichkeit von der betreffenden Person getäuscht fühlt, fällt das Verdikt als die Zurücknahme der Bewunderung massiv aus. Die Täuschung generiert eine große Enttäuschung, und diese kann nur mit Liebesentzug, d. h. mit dem Verlust der Bewunderung geahndet werden. Später, eventuell Jahre später, könnte dann bekannt werden, unter welchem Druck der Athlet, die Athletin gestanden hat, und wie er oder sie sich dabei gefühlt hat, als zu diesen Mitteln gegriffen wurde. Doch allein, diese Reue nützt nichts mehr, die Bewunderung ist dahin, der Athlet, die Athletin wird mit seinem, ihrem Schicksal alleingelassen. Auch wenn die Sportler nach dem Absitzen einer Sperre wieder ins Wettkampfgeschehen eingreifen, ist ihr Ruf beschädigt, die Bewunderung wird nie mehr die gleiche sein, auch wenn sie nun ständiger Kontrolle unterliegen und sogar noch eine Leistungssteigerung aufweisen können. Ihre Weste hat einen Fleck, auch wenn dieser gesühnt worden ist. Er scheint durch und verbleibt im Bewusstsein der ehemaligen Bewunderer. Wer einmal die Bewunderung verloren hat, trägt an diesem Verlust lebenslänglich. Selbst wenn sich die Anschuldigung als falsch erwiesen hat, wird diese vorbehaltlose Bewunderung nie mehr wieder zu ihrer ursprünglichen Qualität zurückfinden. Wo Rauch ist, ist auch Feuer, meint ja die ›gesunde‹ Volksseele dann. Eben Pech gehabt.

Verlassen wir den Sport und wenden wir uns, dieses Kapitel abschließend, noch der Genderfrage zu. In einem größeren Zusammenhang formulieren Horkheimer und Adorno insbesondere die Rolle des Mannes in der Gesellschaft. Sie schreiben: »Hinter der Bewunderung des Mannes für die Schönheit lauert jedoch stets das schallende Gelächter, der maßlose Hohn, die barbarische Zote des Potenten auf die Impotenz, mit denen er die geheime Angst betäubt, daß er der Impotenz, dem Tode, der Natur verfallen ist.«[73] Es ist eine zweischneidige Geschichte: die Angst des Mannes vor einer eventuell ihn ereilenden Impotenz. Die Angst zwingt den Mann, die Schön-

73 Horkheimer, Max; Adorno, Theodor W.: *Dialektik der Aufklärung. Philosophische Fragmente.* Fischer Taschenbuchverlag, Frankfurt am Main 1969, S. 266.

heit der Frau zu bewundern. Dabei kann die Frau für ihre Schönheit ja nichts, weil Schönheit ein subjektives Verständnis derselben bedingt. Dabei ist es dann wieder der Mann, der Bewunderer, der aufgrund seiner Machtposition definiert, welches Schönheitsideal zurzeit Gültigkeit hat. Nur so kann er sich als Herr der Schöpfung fühlen. Konsequenz hierbei ist, dass er sich mit dieser Bewunderung auch die Unterdrückung der Frau erkauft. Aber der Preis hierfür ist seine Omnipotenz. Lässt diese nach oder verliert er sie sogar, ist es mit seiner Macht und Herrlichkeit vorbei und er wird ein Greis, wird senil, wird ein zahnloser Papiertiger, der in der Welt, und sei sie in seinem Umfeld auch noch so klein, nichts mehr zu sagen, zu bestimmen hat. Der Tod ist ihm gewiss.

9 Was treibt uns zur Bewunderung? (Oder: Ein Zwischenfazit)

Die Bewunderung ist ein Drang, quasi, im nicht psychologischen Sinne, ein Trieb. Subjektiv betrachtet, ist die Bewunderung einfach da, sie kommt aus dem Nichts. Sie überfällt uns. Bei dem einen mehr, beim anderen weniger. Wir streben nach der Bewunderung hin. Wir sehnen uns nach ihr. Wir dürsten nach dem Objekt, damit wir es bewundern können, weil wir es müssen. Wir haben das Bedürfnis dazu, es kommt über uns.

Ob die Bewunderung sich an der Realität des Bewunderten messen lassen kann, erscheint uns nebensächlich. Je nachdem, tut dies der Bewunderung keinen Abbruch. Auch wenn wir wissen, dass es für andere Menschen nahezu unmöglich ist, das Objekt unserer Bewunderung auch nur annähernd als bewunderungswürdig zu empfinden, bewundern wir es uneingeschränkt. Nichts kann uns von der Bewunderung abbringen. Im Gegenteil: Wird das Objekt der Bewunderung von allen anderen abgelehnt, erscheint es mir nur noch bewunderungswürdiger. Es hat die Würde, bewundert zu werden. Würde ist ja inhärent und mir scheint es auch so. Dass die Würde letztlich nur durch meine Bewunderung zustande kommt, fällt mir nicht auf. Die Zugewiesenheit dieser Bewunderung würde ich immer ablehnen, vielleicht sogar als persönliche Beleidigung empfinden.

Würde ich, wie auch immer, an der Bewunderung gehindert, befiele mich eine große Trauer, eine Unlust, eine Frustration. Es würde mir ein Teil meines Ichs genommen. Das Lebensgefühl, meine Befriedigung in meinem Da-Sein würde mir genommen. Ich wäre suizidgefährdet. Der Trieb, der Drang, bewundern zu können, zu müssen, gibt mir meine Existenzberechtigung. Bloch schreibt dazu – und ich wandle hier sein Beispiel zu meinen Gunsten ab –, wenn die Bewunderung, aus welchen Gründen auch immer, verhindert werde, sei es, als »hätte nicht der Leib den Trieb, sondern der Trieb den Leib und bestimmte ihn, färbte ihn jeweils, rot vor Wut, gelb vor Neid, grün vor Ärger, wie ein Stück Tuch«.[74] Bin ich dergestalt neurotisch? Ich will doch nur bewundern.

Bewundern ist nicht Stalken. Die Bewunderung spielt sich nur bei mir selbst ab. Die Umwelt, geschweige denn das Objekt der Bewunderung, braucht von meiner Bewunderung nichts zu wissen. Der Kitzel der Bewunderung kann sich sogar vermehren, wenn ich weiß, dass das bewunderte Objekt gar nichts von seiner Bewunderung weiß. Es reicht mir vollkommen, wenn ich sie spüre, wenn ich sie genieße, wenn ich daran zum Menschen werde.

Bewunderung kann wachsen. Ist sie erst ein kleines Pflänzchen, zart und unscheinbar, kann sie zu einem stattlichen Baum heranwachsen. Dabei bin ich mir der Gefahr bewusst, dass der Baum, wenn er zu groß wird, einen übermächtigen Schatten auf mein Ich werfen kann und ich nur noch in dieser Bewunderung lebe. Dann falle ich auf und erledige meine Alltagspflichten nicht mehr ordentlich. Das wiederum könnte meiner Bewunderung schaden und ich könnte ihrer verlustig gehen. Das muss vermieden werden. Bewunderung muss auch ihre Grenzen kennen. Sie kann nicht als Religion verstanden werden. Es gibt keine Gotteshäuser für Bewunderung, nur Fußballstadien und den Taumel kollektiver Bewunderung. Aber das ist für mich keine, sondern eher ein Dienst am Götzen Pelé, Ronaldo oder Beckenbauer. Das ist nicht mein Stil. Meine Bewunderung ist grenzenlos, imaginär und nicht eigensinnig. Meine Bewunderung kann nicht mit aggressivem Verhalten in Verbindung gebracht werden. Sie ist nie grausam, sondern immer nur schön.

Dass ich mit meiner Bewunderung andere, eventuell sogar unerfüllte Wünsche kompensiere, wie man mir auch schon nachgesagt hat, weise ich zurück. Sehr sogar! Bewunderung ist auch nicht, wie ich auch schon zu hören bekommen habe, ein Produkt meiner Fantasie. Auch das weise ich vehement zurück. Meine Bewunderung ist real und basiert auf Realem. Ich bin ja nicht verrückt.

Ja, es stimmt schon, manchmal gebe ich mich der Bewunderung völlig hin. Ich meine, das wäre dann ein Tagtraum. Ist das etwa ver-

---

74 Bloch, Ernst: *Das Prinzip Hoffnung.* Kapitel 1–32. Suhrkamp, Frankfurt am Main 1993 (4. Aufl.), S. 52.

boten? Doch wohl kaum. Dann träume ich davon, dass ich mit meinem bewunderten Objekt verschmelze. Wir werden eins, und alles in uns und um uns herum ist Bewunderung. Einfach nur geil, nur schön, extrem krass. Somit ist für mich die Bewunderung ein Teil eines Tagtraums. Manchmal auf jeden Fall, aber nicht nur. Tagtraum so quasi als Oberbegriff der Bewunderung. Nicht jede Bewunderung ist auch ein Tagtraum. Manchmal ist der Tagtraum der große Bruder (oder die große Schwester) der Bewunderung. Aber verwandt miteinander sind sie schon.

Nachts träume ich nie so etwas. Tagträume und Nachtträume haben nichts miteinander zu tun. Tagträume sind entspannend, geben mir Lebensmut. Nach solchen Tagträumen fühle ich mich wie neugeboren, voller Elan, voller Lust und Selbstbewusstsein. Nachts sind meine Träume anders, echt schlimm, aber das gehört hier nicht hin. Bei meinem Tagtraum geht es nie darum, dass das bewunderte Objekt weiß, dass ich es grenzenlos bewundere. Das habe ich schon gesagt, und es stimmt auch jetzt noch. Es muss Geheimnis, mein Geheimnis bleiben.

Zum Tagtraum schreibt Bloch: »Erstens hat es der wache Traum an sich, nicht drückend zu sein. Er steht in unserer Macht, das Ich startet eine Fahrt ins Blaue, stellt sie ein, wann es will. So entspannt der Träumer hier auch sein mag, er wird von seinen Bildern nicht verschleppt und überwältigt, sie sind dazu nicht selbständig genug.«[75] Der Tagtraum hat also etwas Entspannendes, und deswegen gebe ich mich auch gerne dieser Bewunderung hin. Bewundern ist besser als Drogenkonsum. Wenn ich bewundere, bin ich im Paradies, um mich herum ist der Garten Eden, alles blüht, es riecht fein, und dies auch im kältesten Winter. Herrlich. Von der Bewunderung will ich gar nicht clean werden.

Nein, Bewundern hat nichts mit Sex zu tun. Sex ist oft mühsam, anstrengend, schweißtreibend. Kommt er/sie oder ich, gar nicht oder zu früh oder überhaupt. Beim Bewundern fällt das alles weg, nur das gute Gefühl ist und hört auch nicht auf. Ich kann es selbst steuern und bin von niemandem abhängig, auf niemanden angewiesen. Ein-

75 Ebd., S. 98.

fach nur: gut! Und dies ohne schlechtes Gewissen, ohne Gewissensbisse. Bewunderung ist ein Perpetuum mobile.

Bewundern kann ich im Grunde alles, auch Nicht-Schönes, Grausames, Verbotenes. In der Bewunderung gibt es kein Gericht, kein Über-Ich, keinen Vater, keine Mutter, keinen Staatsanwalt, keinen Strafenkatalog. Ich kann ungestraft mich meiner Bewunderung hingeben. Es ist nur meine und niemand kennt sie, mein Utopia, mein Eldorado. Wenn ich hier für einen kurzen Moment etwas persönlich werden darf. In meiner Bewunderung ist das von mir Bewunderte fehlerlos, ein Guru, ohne eigene Wünsche. Wie ein Haiku von Basho. Liebe und Freundschaft bewundere ich sehr. Aber das geht mir hier schon zu weit. Wen oder was ich bewundere, soll auch hier mein (ewiges) Geheimnis bleiben. Siehe: oben.

Ich habe oft Schmerzen. Warum und wo, spielt keine Rolle. Ich habe sie einfach, jeden Tag, und sie werden auch nicht weniger, aber wenn ich mich meiner Bewunderung hingebe, sind sie weg. Zauberei? Genau. In der Bewunderung kann ich meine Leiblichkeit aufheben, und es ist, als ob ich ein starkes Sedativum genommen hätte; habe ich aber nicht. Ich bewundere einfach, so einfach ist das. So scheint es, dass das Bewundern für den Menschen ein Ausweg, ein Tor hin zu etwas Schönem, Gutem, Leidlosem sein kann. Wer bewundert, wer dazu fähig ist, muss ein glücklicher Mensch sein. Wem diese Gabe nicht gegeben ist, tja, der … Aber Bewundern kann man lernen, wie so vieles andere auch. Wenn ich bewundere, habe ich auch nie Hunger oder Durst. Wenn man viel bewundert, kann man also gut abnehmen. Auch nicht schlecht. Manchmal bin auch schlecht gelaunt, oder ich beneide jemanden oder will mich irgendeinem blöden Gefühl des Stolzes[76] hingeben. All dies kann ich wegretuschieren, indem ich bewundere. Für mich ist der Stolz der Gegenspieler der Bewunderung. Stolz ist nicht etwas Gutes, weil er zur Überheblichkeit, zu Arroganz, ja sogar zur Menschenverachtung führt. Stolz hat immer damit zu tun, dass ich mich elitär fühle. Ich kann das und das …, ich besitze das und das, mein Sohn kann das und das … Du kannst das nicht oder dein Sohn kann das nicht usw. Das ist

76 Bonfranchi: *Stolz. Kulturanthropologische Betrachtungen.*

beim Bewundern nie so. Wenn ich bewundere, bin ich mit meinem Charakter eins, einverstanden. Stolz macht mir kein gutes Gefühl. Ich versuche ihn zu bekämpfen. Wenn ich bewundere, habe ich nie Angst, die mich ab und an mal befällt. Angst, *angustia* als Enge, als Beklemmung schließt das Bewundern aus. Oder anders formuliert: Wenn ich bewundere, fühle ich mich frei, ungebunden, glücklich eben. Bewunderung hat demnach für mich, etwas abgewandelt nach Bloch, den Rang einer utopischen Funktion, sowohl im Affekt wie in der Vorstellung und im Gedanken[77] Wer bewundert, unterliegt nie einer Panikattacke. Das ist doch viel wert, oder?

Ein anderer Gedanke, warum wir bewundern, bewundern müssen, könnte, so hier meine These, auch der Neid sein. Was ist genauer damit gemeint? Wenn ich jemanden sehr stark – warum auch immer, der Inhalt ist völlig nebensächlich – beneide, so könnte dies in Neid umschlagen. Wir vergleichen uns ja, wenn wir dies denn schon tun, mit Menschen, die wir als höher, obenstehend, einschätzen und damit auch so einordnen. Irgendjemandem geht es immer besser, irgendjemand hat immer mehr Erfolg, irgendjemand hat immer viel mehr Geld, irgendjemand wird grenzenlos bewundert etc. Studien an der Psychologischen Hochschule Berlin haben gezeigt, dass insbesondere Frauen, aber auch jüngere Menschen stärker dazu neigen, Neidgefühle zu entwickeln.[78] Entscheidend ist nun hierbei, wie viel mir diese Vergleiche bedeuten. Bedeuten sie mir viel, d. h., vergleiche ich mich ständig mit irgendjemand anderem, dann ergibt dies einen Nährboden für Neid. Andersherum könnte man auch sagen, dass im Vergleich der Neid schon genuin angelegt ist. Wird nun dieser Neid übermächtig für mich und ich kann ihn also kaum noch aushalten, könnte er, so eine Vermutung, in Bewunderung umschlagen. Wenn ich von der beneideten Eigenschaft schon nichts selbst habe, auch nichts davon abhaben kann, dann bewundere ich sie eben. Von daher erscheint es nicht verwunderlich, wenn insbesondere jüngere Menschen zur Bewunderung neigen. Da sie vermutlich noch nicht über

77 Vgl. Bloch: *Das Prinzip Hoffnung*, S. 128.

78 Herrmann, Sebastian: »Warum wir neidisch sind«, in: *Tages-Anzeiger*, 3.10.2022, S. 32: Studie von Elina Erz und Katrin Rentzsch, Psychologische Hochschule Berlin.

eine ausbalancierte Ich-Identität verfügen, neigen sie eher zu Neidgefühlen und imitieren eine Person, was gleichbedeutend damit ist, dass sie diese dann auch bewundern und – klammheimlich – auch beneiden. Neid und Bewunderung könn(t)en demzufolge auch Geschwister sein. Aber sie lieben sich nicht, was ja bei Geschwistern auch gar nicht so selten vorkommt.

Bewunderung wird vonseiten des Bewunderten immer auch als eine Form der Anerkennung gewertet. Diese These führt uns unweigerlich zu Axel Honneth, dem Vertreter der Theorie der Anerkennung.[79] Für Axel Honneth ist Anerkennung eine »strukturbildende Kraft«, die in jeder Gesellschaft anzutreffen ist und die aus seiner Sicht einen moralischen Fortschritt darstellt. Wenn es um Gruppen geht, die diskriminiert werden, dann ist der Kampf um Anerkennung natürlich moralisch geboten. Bei mir hier geht es aber um eine individuelle Form der Anerkennung, die in einer übersteigerten Form als Bewunderung quasi eingefordert wird. Der Bewunderte verlangt eine emotionale Hingabe des Bewunderers. Eventuell meint er sogar, dass er Rechte von der Bewunderung, sprich Anerkennung ableiten kann. Dies kann man an den Fällen ersehen, wo z. B. Politiker sich Dinge herausnehmen, die sie aufgrund ihres Status der Bewunderung ableiten zu können glauben. So, wenn sie z. B. sich von einem Geldgeber korrumpieren lassen (d. h. sich ›schmieren‹ lassen) oder sich Reisen oder teure Hotels bezahlen lassen. Dabei werden sie nicht vom Ressourcengeber bewundert – der fordert seinen Preis –, sondern vom Volk, das sich solche Dinge bzw. Gefälligkeiten nicht leisten kann. Der Politiker kann das und wird dafür bewundert und erhält Anerkennung. Die Form der Anerkennung ist, wie Honneth auch ausführlich darlegt, ein wesentlicher Bestandteil des Sozialisationsprozesses, den wir (hoffentlich) alle durchlaufen. Dass wir als Säugling diese Anerkennung erfahren, ist für die Entwicklung unserer Ich-Identität von entscheidender Bedeutung. Dieser Prozess kann auch als eine Grundlage für Bewunderung im Allgemeinen verstanden werden. Wir bewundern, aber genauso gerne werden wir auch

79 Honneth, Axel: *Kampf um Anerkennung. Zur moralischen Grammatik sozialer Konflikte.* Suhrkamp, Frankfurt am Main 1994.

bewundert, weil wir bei diesem Vorgang die in der Primärsozialisation erfahrene Anerkennung wieder aufleben lassen können. Der Bewunderte fühlt eine Form der Omnipotenz. Deshalb kann auch ein Politiker, eine Politikerin das Maß des Gebotenen verlieren und z. B. sich im privaten Bereich eines Dienstflugzeuges bedienen. Sie verhalten sich omnipotent.

Womit Bewunderung auch zusammenhängen kann, erwähnt in einer kurzen Passage Katie Kitamura in einem ihrer Romane. Die Protagonistin, die von New York nach Den Haag umgezogen ist, besucht als einen ihrer ersten Kontakte eine ihrer neuen Freundinnen und wird von dieser zu einem Abendessen bei ihr zu Hause eingeladen. Die Hauptperson schildert kurz die Situation, die für uns von Interesse ist: »Ich sah zu, wie sie den Schrank aufmachte und eine Flasche Olivenöl herausnahm, eine Pfeffermühle. Alles hatte hier bereits seinen Platz. Ein Gefühl durchzuckte mich – kein Neid, vielleicht war es Bewunderung, wobei die beiden nicht so weit auseinanderliegen.«[80] Die Autorin Kitamura bringt hier die Bewunderung mit dem moralisch wohl nicht einwandfreien Gefühl des Neides zusammen. Die Hauptfigur beneidet die Frau, die auch noch nicht so lange in Den Haag lebt, weil sich diese in sehr kurzer Zeit bereits häuslich eingerichtet hat.

Schauen wir uns ein weiteres Beispiel an, wo Bewunderung ebenfalls in einem negativen Zusammenhang gezeigt wird. Aus dieser Konstellation heraus kann der hier beschriebene Protagonist sich überhaupt am Leben erhalten. Dargestellt wird die äußerst brutale Lebensweise, der australische Soldaten als Kriegsgefangene während des Zweiten Weltkrieges ausgesetzt waren, die von den japanischen Aufsehern tagtäglich übelste Misshandlungen bis hin zum Tod erleiden mussten. Es geht dabei darum, dass sie im Dschungel von Thailand eine Eisenbahnlinie bauen müssen, und zwar bei sehr wenig Nahrung, mit völlig unzureichendem Werkzeug und unter den bereits erwähnten kaum vorstellbaren Demütigungen und physischen Attacken. Es geht hier um den Soldaten Rooster MacNeice. »Und der Hass war Rooster MacNieces stärkster Antrieb. Der Hass war

80 Kitamura, Katie: *Intimitäten.* Roman. Hanser, München 2022, S. 11.

Nahrung für ihn. Er hasste Spaghettifresser, Zigeuner, Kanaken und Spanaken. Er hasste Schlitzaugen, Japsen, Gelbe überhaupt, und weil er gerecht war, hasste er auch die Engländer und die Amis. Seine eigene Rasse, die Australier, fand er so wenig bewundernswert, dass er manchmal behauptete, sogar sie habe es verdient, unterworfen zu werden. Er fuhr fort, sich Mein Kampf im Flüsterton vorzusagen.«[81] Ein weiteres Beispiel für eine Art negativ gefühlter Bewunderung findet sich in dem Roman »Schatten von gestern« von John le Carré. Hier geht es darum, dass eine Frau, Lady Ann Sercomb, die Hauptfigur des Buches, den Agenten George Smiley, heiratet, diesen aber im Grunde nicht liebt. Die Ehe hält auch nur zwei Jahre, und dann macht sich die Lady, die Smiley als einen »atemberaubend gewöhnlichen Menschen« schildert, mit einem ›Star‹ aus dem Staub und verschwindet mit diesem. »Als Lady Ann ihrem Star nach Kuba folgte, dachte sie ein wenig über Smiley nach. Mit widerwilliger Bewunderung gestand sie sich ein, dass es Smiley sein würde, wenn es nur einen einzigen Mann in ihrem Leben gäbe, und es befriedigte sie, dass sie diese Tatsache durch das heilige Sakrament der Ehe bewiesen hatte.«[82] Auch eher negativ gefärbt beschreibt der italienische Schriftsteller Erri de Luca die Sache der Bewunderung. Er stellt sie aber in einen größeren Zusammenhang. Es geht bei der gemeinten Romanpassage um seine Schulzeit, die er nicht in besonders guter Erinnerung hat. Seine Lehrer bezeichnet er als Despoten. Die Schüler hatten sich samt und sonders unterzuordnen. Die einzelnen Charaktere der Schüler waren aus der Not der Unterwerfung geboren. Er schreibt: »Bei den meisten Mitschülern beobachtete ich Neid, Bewunderung, Eifersucht.«[83] Ein weiteres negativ gefärbtes Beispiel der Bewunderung finde ich bei dem schwedischen Literaten Hjalmar Söderberg. Hier wird Bewunderung als eine Insuffizienz dargestellt, die, wenn man sie nicht erhält, in andere charakterlich fragwürdige Verhaltensweisen ausweicht: »Man will geliebt werden, mangels dessen bewundert, mangels dessen gefürchtet, mangels dessen gehasst

---

81 Flanagan: *Der schmale Pfad durchs Hinterland*, S. 194.

82 Le Carré, John: *Schatten von gestern.* Roman. Ullstein Taschenbuchverlag, München 2002, S. 6.

83 De Luca, Erri: *Die Asche des Lebens.* Roman. Ullstein, Berlin 2022, S. 12.

und verachtet. Man will irgendein Gefühl in den Menschen wecken. Die Seele schreckt vor der Leere zurück und sucht um jeden Preis Kontakt.«[84] Diese von Söderberg hier beschriebene Kette finde ich interessant. Von der Liebe, dem Geliebtwerden gelangt er zur Bewunderung; wenn diese auch nicht funktioniert, nimmt man auch den Hass, die Verachtung in Kauf. Hauptsache, man wird beachtet und fällt nicht in eine Leere. Das wäre das Schlimmste; zurückgeworfen zu sein auf die eigene, nackte Existenz.

---

84 Söderberg, Hjalmar: *Doktor Glas.* Roman. Manesse, Zürich 2012, S. 95 [Original: 1905].

10 Darija bewundert Suleika[85]

Hi, ich bin Darija. Meine Eltern kamen hierhin, als ich 9 Monate alt war. Also kann man schon sagen, dass ich eigentlich hier aufgewachsen bin. Der Mann hat gesagt, dass ich das sagen soll, was mir so einfällt, wenn ich an Suleika denke. Sie ist meine Lieblingsinfluencerin. Suleika ist mein Idol, mehr als z. B. Rihanna oder Kim Kardashian. Die finde ich auch geil, aber Suleika ist meine Favoritin. Ich bewundere sie grenzenlos und denke jeden Tag an sie. Naja, wenn ich ehrlich bin, ich denke jeden Tag mehrere Male an sie, eigentlich denke ich immer an sie. Sie hat so viele Followerinnen, einfach unbeschreiblich viele. Natürlich bin ich auch dabei. Mein Bruder hat mich auch schon gefragt, warum ich Suleika so geil finde. Schwierige Frage, habe ich ihm gesagt, ich mag sie einfach, ich liebe sie geradezu, obwohl ich schon nicht auf Frauen stehe, das muss man schon auch wissen. So bin ich ja nicht. Aber ich möchte eben schon auch so sein wie Suleika. Ich habe auch angefangen, mich so zu schminken, wie sie es macht. Ja, ich würde sie gerne mal kennenlernen. Aber ich glaube, ich wäre zu aufgeregt und würde kein Wort herausbringen, und dann würde sie ja denken, dass ich doof wäre, und das wollte ich dann natürlich auch nicht. Aber egal, ich möchte auch so berühmt sein wie Suleika. Sie ist ja mega berühmt. In einem Magazin habe ich gelesen, dass Suleika früher einmal, als sie so etwa gleich alt war wie ich jetzt, Friseuse gelernt hat. Das stelle man sich mal vor, und jetzt ist sie ein Star, ein Megastar, und jettet nur noch um die Welt und macht ihr Ding. Es wäre schön, wenn ich ihre Freundin sein könnte, dann wären wir beide Influencerinnen und hätten unsere Follower. Ich müsste natürlich für etwas anderes werben. Was, ist mir eigentlich egal. Ich weiß schon, dass Suleika vermutlich anders heißt, aber das ist mir gerade auch egal. Als Friseuse hat sie sich sicher nicht Suleika genannt, aber das ist mir noch einmal egal. Jetzt heißt sie eben

---

85 Einzelne Angaben entnehme ich dem Aufsatz von Nils S. Borchers: »Zu den Ursachen der Bewunderung von Social-media-Influencerinnen«. https://brill.com/display/book/edcoll/9783846766644/BP000019.xml?language=de (Zugriff: 29.4.2022).

so, und das passt doch, meine ich. Man kann also auch als Friseuse weltberühmt werden. Natürlich muss man in seinem Business gut sein, aber das ist Suleika ja auch, sonst wäre sie nicht so berühmt, hätte nicht so viele Follower, und da will ich ja eben auch hin. Fast beneide ich sie etwas, aber ich gönne ihr den Erfolg schon auch, aber ich wünschte, ich wäre auch so. Suleika ist ja immer auf Reisen und lebt so rassig-schnell. Sie ist eben Suleika und ist so, wie sie ist, und das ohne Wenn und Aber, und jettet um die Welt. Immer unterwegs, das finde ich so super. Ich bin ja immer nur hier, im gleichen Kaff, und sehe nichts von der Welt. Suleika hingegen ist immer auf Achse und trifft sicher viele interessante Leute und geht mit denen aus, in die besten Night Clubs auf der Welt. Ja, das ist schon etwas. Man kann auch immer im Netz sehen, wo sie gerade ist. Sie kann dahin gehen, wohin sie will. Ich muss immer da in die Ferien, wo meine Eltern sagen, dass wir hinfahren. Das stresst krass. Damit hat Suleika nichts zu tun. Sie fährt dahin, wohin sie will und wo die interessanten und auch wichtigen Leute sind. Sie macht ja Werbung für eine Dessous-Firma. Das möchte ich nicht unbedingt, weil da müsste ich noch abnehmen. Suleika ist ja gertenschlank. Wie die das nur macht, möchte ich gerne mal wissen. Ich habe das auch mal gefragt, man konnte da so an Suleika schreiben und sie hat dann jede Frage beantwortet. Auch das find ich super. Suleika ist eben auch eine von uns. Bei mir kam dann so Werbung von einer Firma, die wo Produkte zum Abnehmen verkauft. Ziemlich teuer, fand ich, und ich habe es dann gelassen. Okay, ich habe dann einen BH von der Firma gekauft, für die Suleika Werbung macht. Er hat nicht so gut gepasst, aber dafür kann sie ja nix. Ich könnte vielleicht eher Werbung machen für Schuhe, auch hochhackige, weil ich finde, dass ich schöne Füße habe. Suleika hat ja ziemlich viel Busen, das ist bei mir leider nicht ganz so und deshalb wäre das mit den Dessous wohl auch nix für mich. Vielleicht wären auch meine Eltern nicht damit einverstanden. Aber wenn ich natürlich so viel Geld verdienen würde wie Suleika, dann würden sie es eventuell schon auch anders sehen. Suleika wird ja auch wegen ihrem Busen so bewundert, das hat sie selbst einmal auf Facebook geschrieben, und deshalb hat sie auch so viele männliche Follower, obwohl die ja nicht ihre Produkte kaufen. Aber die sagen es ja dann ihren Freundinnen. Ganz schön clever, finde ich. Ob das mit den Füßen auch so funktionieren würde? Ich werde das Suleika mal fragen, wenn sie wieder einmal so ein Fragefeld aufmacht. Ich habe mich ja jetzt für einen Workshop angemeldet: ›Wie werde ich Influencerin?‹ Der Workshop findet während der nächsten Ferien statt. Da bin ich ja schon sehr gespannt drauf. Gut, es gäbe auch einen Kurs von der ›Influencer Marketing Academy‹ (das habe ich abgeschrieben), aber der ist zu teuer und meine Eltern waren dagegen. Mache ich eben den Kurs von der Gemeinde, er wird in der Schule durchgeführt. Auf Amazon gibt es auch Bücher darüber, wie man Influencerin werden kann, aber mit Büchern habe ich es nicht so. Dann gehe ich lieber in einen Kurs. In Amerika, so wurde hier erzählt, kann man auch Micro-Influencerin werden. Da muss man dann 37 Dollar bezahlen und wird mit vielen anderen, können so ca. 5.000 sein, ins Netz gestellt, und die Leute glauben, dass man schon berühmt ist. Es wird also nur so getan, als ob man schon eine Influencerin wäre, und die Leute glauben das dann. Aber das ist ein Fake, das mache ich nicht, bin ja nicht blöd. Suleika hatte das bestimmt nie nötig und ich will das auch nicht. Jetzt mache ich erst mal, wenn ich die Schule zu Ende habe, eine Lehre als Kosmetikerin und dann werde ich, wie Suleika, Influencerin. Eine Lehrstelle habe ich noch nicht, aber da mache ich mir keine Sorgen. Das läuft dann schon. Ich bin eben Optimistin. Und dann werde ich reich sein, um die Welt jetten, Millionen von Followern haben, und lerne dabei viele interessante Menschen kennen. Ja, das sind eben so die Sachen, die man als Influencerin können muss.

11 Der ›große Mann‹ als Gegenstand der Bewunderung[86]

In der Zeit unmittelbar nach der Französischen Revolution (1789) setzte sich ein Bewusstsein durch, das den Genius, d. h. das Wirkungsprinzip, die Größe eines Menschen nicht mehr nach der Vererbung, sondern nach seiner Persönlichkeit und nach seiner Leistung bemaß. Dabei ging es auch darum, welche Wirkung dieser Mensch, i. d. R. ein Mann, auf andere Menschen ausübte. Dies wurde als die Wirksamkeit eines großen Mannes verstanden. Dieser wiederum wurde von seinen Mitmenschen anerkannt, weil er diese »hebt und erzieht«. Michael Gamper, der sich hierbei auf Schleiermacher bezieht, schreibt: »Dazu ist er [der Anerkannte, der Bewunderte, R. B.] in der Lage, weil er ›indem er auf die bewegliche veränderliche Welt wirkt, in der ruhigen sich immer gleichen lebt‹ und seine ›Ideen und Zwecke‹ sich in Übereinstimmung mit der vorher bestimmten Ordnung und mit der notwendigen Entwicklung der Dinge befinden.« Dadurch ergibt sich die bereits erwähnte Wirksamkeit dieser Person. Diese, nun als ›großer‹ Mann bezeichnete Person nahm hinfort eine außerordentliche Stellung in der Gemeinschaft ein. Die Masse wurde so zu einem Volk erhoben, indem der Einzelne in dieser sich eingebettet fühlte. Gamper: »Bewunderung war so zu einer sozialen Tugend geworden, die das brüchig gewordene gesellschaftliche Ganze neu zu kitten versprach.«

Nicht selten handelte es sich zu Beginn des 19. Jahrhunderts um Schriftsteller. Ein Beispiel:

> »Wie naheliegend es in der Zeit um 1800 war, die charismatischen Attribute der literarisch dargestellten Figuren unmittelbar auf den Autor zu übertragen, illustriert eine Anekdote, die Friedrich Schillers Mutter Elisabetha Dorothea in einem Brief an ihre Tochter Luise Dorothea Katharine vom 28. Oktober 1801 von einer The-

86 In diesem Kapitel beziehe ich mich auf einen Beitrag von Michael Gamper: »Adoration und Gemeinschaft«. https:// brill.com/downloadpdf/display/book/edcoll/9783846766644/BP000009.pdf (Zugriff: 28.4.2022).

aterauffführung in Leipzig berichtete. Gezeigt worden war ›Die Jungfrau von Orleans‹, Schillers wohl am intensivsten mit charismatischer Wirkung befasstes Drama:

›Und nach dem ersten Act rief Alles zusammen: ›es lebe Friedrich Schiller!‹ und er musste hervortreten und sich bedanken. Als er aus dem Comödie ging, nahmen alle die Hüte vor ihm ab und riefen ›Vivat, es lebe Schiller, der große Mann!‹«

Sinnbild des ›großen Mannes‹ in der damaligen Zeit, in der Zeitenwende vom 18. zum 19. Jahrhundert, war natürlich die schillernde Figur von Napoleon dem Ersten, und er wurde gering, als er 1815 anlässlich des Wiener Kongresses endgültig besiegt war.

Gamper verweist im Folgenden auch auf die beiden englischsprachigen Schriftsteller und, wie ich hier mal sagen möchte, Weltverbesserer Thomas Carlyle (Schotte; er schrieb das Buch »On Heroes, Hero-Worship, and the Heroic in History«, 1841), sowie auf den US-Amerikaner Ralph Waldo Emerson. Dieser schrieb den Bestseller »Representative Men« (1850). Es behandelt den ›great man‹ und verbindet die Einsicht, die ›most vital interests in this world‹ zu vertreten. Und diesen Einsichten soll nachgeeifert werden, weil es eben die einzig richtigen sind. Beiden Autoren kam in der Folgezeit so etwas wie ein Prophetenstatus zu, der ihnen ihre Anhängerschaft – und diese war nicht klein – einbrachte. Wir haben hier eine Form der zugewiesenen Bewunderung. Bei Emerson findet sich denn auch zu Beginn seiner Lectures der Satz: »It is natural to believe in great men.« Die Inhalte, die diese beiden Autoren – es gab auch noch andere – verbreiteten, wurden verehrt. Sie forderten, dass man von den großen Figuren aus der Geschichte zu lernen und diese als persönliche Vorbilder zu nehmen habe. Es sollte so etwas wie ein Schüler-Lehrer-Verhältnis zu den großen Personen der Weltgeschichte hergestellt werden. Mich erinnern diese Formulierungen auch an die im Zenbuddhismus geforderte bedingungslose Hingabe an einen Meister. Diese Verhältnisse werden eher individualistisch aufgefasst, d. h., der Novize, der Schüler, der Lernende begab sich in die unmittelbare Nähe des Meisters und lebte mit ihm zusammen, wenn auch auf einer distanzierten Ebene. Im angloamerikanischen Bereich sollte diese Verehrung der Ideen, die diese

Schriftsteller propagierten, eher auf einer ideell-mentalen Ebene stattfinden. Diese Ideen, die zu einem guten, d. h. besseren Leben führen sollten, wurden in einer verehrenden Aneignung empfohlen. Gamper zieht das Fazit, dass es sich bei dieser Literatur um eine »biographistische Geschichtsschreibung« handelt, deren Ziel die »verehrende Ruhmbildung des großen Einzelnen« war. Diese i. d. R. großen Männer sollten als ›Bildner‹, ›Muster‹ und/oder ›Schöpfer‹ sämtlicher kultureller Errungenschaften herhalten, gelten. Der ›great man‹ erschafft sich seine Welt selbst. Weltgeschichte wird so als die Geschichte großer Männer verstanden: Sie schrieben die Geschichte. In einer so beschriebenen liberalen Welt (im klassischen Sinne) vermag der Einzelne, wenn er sich denn über die Massen erheben kann, alles. Seine Fähigkeiten sind omnipotent. Und weil dies so ist, wird er bewundert, und diese Bewunderung wiederum fordert unmittelbar zur Nachahmung auf. Folgerichtig verfasste Carlyle denn auch Werke über die Größen der Französischen Revolution, wie Marat, Danton und Robespierre, aber auch Friedrich der Große konnte hier als Bezugsgröße für Bewunderung gestaltet werden. Carlyle forderte, diesen Herren gegenüber immer eine verehrende Haltung zu bewahren. Die Bücher waren hierbei mehr Mittel zum Zweck als historische Belege, die wissenschaftlichen Kriterien standgehalten hätten.

Mit der Zeit wandelten sich die Figuren, denen man nacheifern sollte, und so kam auch Johann Wolfgang von Goethe zu seinem Ruhm. Aber auch Rousseau, Dante, Montaigne, Plato und Shakespeare kamen nun aufs Tapet. Gamper verweist in diesem Zusammenhang auch auf Fichte, der bereits 1794 in seinen Vorlesungen über die Bestimmung des Gelehrten schrieb: »Ich bin ein Priester der Wahrheit: in bin in ihrem Solde.«[87] Aber Fichte wendet sich von den großen Figuren ab und fordert, dass man seine Anlagen selbst entwickeln müsse und »alle Fähigkeiten zur höchstmöglichen Vollkommenheit ausgebildet werden«.[88] Fichte weiter: »Wir sind freie Mitarbeiter im Fortschreiten der Menschheit, keine Sklaven eines

87 Johann Gottlieb Fichte, zitiert nach: Kühn, Manfred: *Johann Gottlieb Fichte. Ein deutscher Philosoph.* C. H. Beck, München 2012, S. 242.

88 Ebd., S. 246.

anderen Standes.«[89] Diese Aussagen stellen schon eine Verschiebung der Bewunderung dar, weil sie nicht mehr von sogenannten ›großen‹ Figuren her- und abgeleitet werden soll, sondern aus sich selbst herkommen muss. Aber dann ist er doch auch der Meinung, dass den Gelehrten in einer Gesellschaft ein besonderer Platz zuerkannt werden muss. Sie nehmen einen ehrenvollen Platz in der menschlichen Gemeinschaft ein, weil der Gelehrte der Priester des Fortschritts und damit der Kultur der Menschheit ist.[90] Von daher betrachtet, kann man festhalten, dass auch Fichte den ›großen‹ Mann benennt, hier eben in der Figur des Gelehrten. Und dass man diesen bewundern muss, ob seiner Fähigkeiten, erscheint klar. Gamper schließt denn auch mit der Feststellung, dass diese Konstellation des ›großen‹ Mannes besonders in der zweiten Hälfte des 19. Jahrhunderts sich einer außerordentlichen Beliebtheit erfreute. Inwieweit, dies meine eigenen Gedanken, die Vorstellung des ›großen‹ Mannes auch den Ideen des Kolonialismus des weißen Mannes Vorschub geleistet hat, wäre eine andere Untersuchung wert. Festhalten kann man aber, dass diese Haltung jeglicher Idee eines demokratischen Staates zuwiderläuft. Die Bewunderung großer Gestalten führt wohl eher zu diktatorischen Staatsformen (Stalin, Tito, Mussolini, Hitler, Mao, Pol Pot, Putin usw.). Es handelt sich um eine elitäre Denkweise, die Bewunderung einfordert. Ausnahmslos alle diese Männer haben zu ihren Lebzeiten einem ausgeprägten Personenkult gehuldigt. Bewunderung bzw. bewundert zu werden, war ein Teil ihrer Propaganda. Nicht wenige Menschen sind diesem Kult, warum auch immer, erlegen. Dies, zum Teil, im wahrsten Sinn des Wortes.

Eine völlig andere Sichtweise, wie man Menschen begegnen kann, die man als Vorbilder bezeichnen, betrachten kann, wählte die große Philosophin Hannah Arendt: »Men in dark times«. Es geht ihr gerade nicht um Bewunderung, und trotzdem finde ich, dass ihr Buch hier Erwähnung finden sollte, muss! Sie hat während ca. 12 Jahren eine Reihe von Essays und Artikeln geschrieben, die alle Personen zum Inhalt haben, die mehrheitlich in der ersten Hälfte des 20. Jahrhunderts

89 Ebd., S. 247.

90 Vgl. ebd.

gelebt haben.[91] Gemeinsam ist diesen Personen nahezu nichts. Außer eben, dass sie in Zeiten von politischen Katastrophen, moralischen Desastern und einer erstaunlichen Entwicklung von Kunst und Wissenschaft gelebt haben.[92] Arendt schreibt in ihren Darstellungen dieser Personen nichts von Bewunderung, geschweige denn, dass diese Menschen in irgendeiner Art und Weise als Vorbilder dienen sollten. Das hätte sie vermutlich als Demokratin auch völlig abgelehnt. Trotzdem zeugt ihr Buch von Menschen, denen man durchaus Bewunderung entgegenbringen kann, weil sie eben in schwierigen und schwierigsten Zeiten ihren Weg gegangen sind, und dieser führte sie oft in den Tod, wie z. B. bei Rosa Luxemburg oder Walter Benjamin. Wenn man das Buch liest, so kommt einem die eine oder die andere Person näher, je nachdem, wie diese ihr Leben gestaltet hat oder gestalten musste, weil die äußeren Umstände gar keine andere Wahl ließen. Auch Arendt selbst musste bekanntlich ihr Heimatland verlassen. Es geht um die bereits genannten Personen sowie um Karl Jaspers, Tania Blixen, Hermann Broch, Martin Heidegger, Bertolt Brecht, Nathalie Sarraute u. a. m.

Beim Lesen dieses Buches kam mir, nicht nur einmal, der Gedanke: Wie hätte ich mich in einer vergleichbaren Situation verhalten? Hätte ich die gleiche Wahl getroffen, hätte ich diese Größe gehabt, hätte ich das Standvermögen gehabt, hätte ich den Durchhaltewillen gehabt oder hätte ich mich angepasst, wäre ich den Weg des geringsten Widerstandes gegangen, hätte ich andere Menschen verraten oder sogar ans Messer geliefert? Hätte ich, um eine Beförderung zu erhalten, mich mit dem System ›angefreundet‹ oder wäre ich geflohen? Hätte ich den Mut dazu gehabt usw.? All diese Gedanken begleiteten mich beim Lesen dieses Buches. Schon allein deswegen erscheint es mir achtenswert.

Große Männer, die man bewundern kann, findet man auch in Jugendbüchern. Ob man die Jugend nur über Erfindungen und große Wissenschaftler informieren möchte oder ob man sie sogar auch

91 Arendt, Hannah: *Menschen in finsteren Zeiten.* Piper, München/Zürich 2021 (6. Aufl.).

92 Vgl. ebd., S. 7.

zu deren Bewunderung animieren möchte, weiß ich nicht. Aber es lohnt sich alleweil, mal in solch ein Buch hineinzuschauen, um zu sehen, welche Wissenschaftler hier vorgestellt werden. Es sind in dem vom mir ausgewählten Buch[93] die Folgenden: Aristoteles, Archimedes, Zhang Heng, Alhazen, Roger Bacon, Galileo Galilei, William Harvey, Robert Hooke, Isaac Newton, Antonie Laurent de Lavoisier, Benjamin Franklin, Joseph Banks, Georges Cuvier, Charles Darwin, Charles Babbage, Michael Faraday, Thomas Edison, Louis Pasteur, Dmitri Mendelejew, Marie Curie, Ernest Rutherford, Albert Einstein, Alfred Wegener, Edwin Hubble, Francis Crick und James Watson, Alan Turing, James Lovelock, Dorothy Hodgkin, Richard Feynman, Stephen Hawking.

Es sind insgesamt 31 Namen, die hier aufgelistet wurden. Darunter befinden sich 2 Frauen. Gibt es wirklich nur so wenige Frauen, die im Bereich der Wissenschaft als bewundernswerte Vorbilder für die heutige Jugend gelten können? Zweifel sind angebracht.

93 Fortey, Jacqueline: *Große Wissenschaftler.* Dorling Kindersley, München 2011.

12 Die ambivalente Bewunderung der Whistleblower

Ein besonderer Fall, dem wir häufig große Bewunderung entgegenbringen, soll im Folgenden dargestellt werden: der Whistleblower bzw. die Whistleblowerin. Zu den spezifischen Besonderheiten, die man aus psychologischer und/oder auch staatspolitischer Hinsicht hierbei aufführen könnte, enthalte ich mich. Es geht mir hier ausschließlich darum, dass auch Whistleblower bewundert werden (können), wenn auch nicht von allen Menschen.

Unter Whistleblowing versteht man definitorisch: »to blow the whistle«, etwas aufdecken, jemanden verpfeifen. Im weiteren Sinne ist das Whistleblowing aber auch durch die folgenden Merkmale gekennzeichnet:

Eine Handlung wird öffentlich gemacht, wichtige Informationen über einen Missstand oder gesetzeswidrige Handlungen (Korruption, Insiderhandel, Datenmissbrauch) werden ans Tageslicht gebracht, i. d. R. über Medien (Zeitungen, Social Media). Ziel ist dabei die Einhaltung der Gesetze, nicht unbedingt deren Änderung. Es gibt ein allgemeines und nicht unbedingt ein persönliches Interesse. Meist sind es Einzelpersonen, die Whistleblowing begehen. Über ihre Motivation, diesen Schritt zu unternehmen, herrscht aber oft Unklarheit.

Whistleblowing wird als illegal verstanden. Oft werden Dokumente in zweifelhafter oder sogar gesetzeswidriger Art und Weise an sich genommen und veröffentlicht. Dies ergibt natürlich auch die Frage der moralischen Rechtfertigung eines solchen Tuns, das aber durch das Recht und die Pflicht gegenüber der Öffentlichkeit legitimiert wird. Es geht darum, dass mittels des Whistleblowings etwas Gutes für die Gemeinschaft, die Gesellschaft, den Staat erreicht werden soll, und das ist es letztendlich, was wir bewundern, ehren, mit einem Preis versehen und dabei den Mut des Whistleblowers anerkennen. Auch wenn seine Tat eventuell gegen geltendes Recht verstoßen hat. Wir achten somit die Verteidigung von rechtlichen Grundprinzipien, für die sich, je nach Fall, der Whistleblower geopfert hat.

Der Whistleblower will i. d. R. den Rechtsstaat nicht stürzen, sondern im Gegenteil von unsauberen Machenschaften reinigen. Seiner Meinung nach – und die überwiegende Mehrheit der Gesellschaft sieht das genauso – gefährdet er den Rechtsstaat nicht. Wichtig ist auch, dass Whistleblower ausnahmslos angeben, dass sie in ihrer Situation keine andere Möglichkeit mehr gesehen haben, den Rechtsstaat zu schützen, indem sie eine fragwürdige oder auch gesetzeswidrige Handlung verübt haben. Dies ist durch ihren Machtmissbrauch bedingt. Dafür braucht es Mut und diesen wiederum bewundern wir. Whistleblower verstehen ihre Tat immer als eine Ultima Ratio, weil sie bereits (erfolglos) alle Einflussmöglichkeiten erschöpft haben oder nur, bei Vorgesetzten oder höheren Stellen, immer wieder gegen eine Wand gelaufen sind. So kommt auch noch der Gedanke einer Notwehrsituation mit ins Spiel.

Hier nun, in der gebotenen Kürze und exemplarisch, einige historische, aber auch aktuelle Beispiele für letztendlich doch erfolgreiche Whistleblower. Auffallend hierbei ist die Dominanz der Männer in dieser Liste. Diese ist nicht von mir gewollt, sondern hängt von den mir zur Verfügung stehenden Quellen ab.

Martin Luther (1483–1546) – Luther war ein Mönch und Theologieprofessor. Er kritisierte Bräuche der katholischen Kirche, weil sie den Lehren der Bibel widersprachen, wie z. B. den Ablasshandel. Nachdem er von Papst Leo X. exkommuniziert wurde, beschützte ihn der deutsche Fürst Friedrich der Weise. Unter seinem Schutz kann er seine reformatorischen Anschauungen entwickeln und damit das Fundament für die ersten protestantischen Kirchen in Deutschland legen. Seine Ideen verbreiten sich auch durch die Erfindung des Buchdrucks schnell in Europa.

Galileo Galilei (1564–1642) – Man, d. h. die katholische Kirche, beschuldigte ihn des Ungehorsams. Nachdem er seinen Fehlern abgeschworen, sie verflucht und verabscheut hatte, wurde er zu lebenslanger Kerkerhaft verurteilt und war somit der Hinrichtung auf dem Scheiterhaufen entkommen. Galilei selbst hielt an seiner Überzeugung fest.

Paul Ernst Grüninger (1891–1972) war Polizeihauptmann in St. Gallen und rettete als leitender Grenzbeamter mehrere jüdische Flüchtlinge vor der nationalsozialistischen Verfolgung und Vernichtung. Grüninger rettete ca. 3.600 Juden durch Fälschung von Dokumenten das Leben. 1939 wurde er ohne Anspruch auf Rente vom Dienst suspendiert, 1940 zu einer Geldstrafe verurteilt. Er handelte gegen Gesetze, wurde letztlich aus dem Polizeidienst entlassen und lebte von Gelegenheitsarbeiten. 1976 starb Grüninger verarmt in St. Gallen. 1995 (!) hob das Bezirksgericht St. Gallen das Urteil auf.

Am 20. Juli 1944 schmuggelt Oberst Graf von Stauffenberg eine Bombe in das Führerhauptquartier. Sie explodiert, aber Hitler überlebt. Der Putschversuch schlägt fehl. Die Verschwörer, vor allem Offiziere, werden verhaftet, in Schauprozessen gedemütigt und dann hingerichtet. Auch von Stauffenberg suchte vor seiner Tat Verbündete und fand sie auch. Er war nicht unbedingt ein Kriegsgegner, sicherlich kein Pazifist, er war ja Offizier. Aber mit der Art und Weise, wie dieser Krieg geführt wurde, und mit der Verachtung, die sich im Umgang mit Menschen anderer Glaubensrichtung und Abstammung (sog. Slawen) zeigt, konnte er, auch aufgrund seiner Ehre als Offizier, nicht einiggehen. Also entschied er sich zu einem Mord, auch damit Deutschland nicht als ein barbarischer Staat in die Geschichte eingehen würde. Bei seinem Verständnis von Treue gegenüber dem Begriff der Ehre kann man ihm ein gewisses Maß an Bewunderung nicht absprechen.

Dietrich Bonhoeffer (1906–1945) – Dietrich Bonhoeffer war ein lutherischer Theologe mit dem vorgelebten Anspruch, dass für einen Christen Glauben und Handeln Hand in Hand gehen müssen. Er war stark engagiert im deutschen Widerstand gegen den Nationalsozialismus und in Aktivitäten zur Eliminierung von Hitler. Bekannt sind u. a. seine Gefängnisbriefe. Hingerichtet wurde er im Gefängnisaufenthalt auf Befehl von Hitler kurz vor Kriegsende.

Mohandas Karamchand Gandhi (1869–1948) war der Anführer der indischen Befreiungsbewegung, die schließlich die Kolonialherrschaft Großbritanniens in Indien beendete. Auch er blieb seinem

Glauben, seiner Überzeugung treu, dass die Herrschaft eines Staates über einen anderen Staat nicht richtig sein kann. Gandhi war von der Wirkung des gewaltlosen Widerstandes überzeugt und wich nie davon ab. Die Bewunderung ihm gegenüber ist wohl auch heute noch vorhanden. Tragisch, dass er von einem Andersgläubigen erschossen wurde.

Hausarzt Dottore F. in Italien hilft unheilbar kranken Patienten auf deren ausdrücklichen Wunsch hin beim Sterben (direkt und indirekt), weil die Gesetze keinen assistierten Suizid erlauben. Er riskiert Gefängnis und ein Berufsverbot. Praxisassistentin Francesca O. meldet das gesetzwidrige Verhalten ihres Vorgesetzten, weil sie sein Verhalten nicht mit ihrem Gewissen vereinbaren kann und riskiert so, dass sie ihren Arbeitsplatz verliert.

Die katholische Frauengruppe X ist unzufrieden mit der Stellung der Frau in der katholischen Kirche. Sie ruft dazu auf, die Steuern auf ein Sperrkonto einzuzahlen, bis sich die Situation ändert. Einige Mitglieder sind bei der katholischen Kirche angestellt und riskieren so ihre Arbeitsstelle.

Lin Wang, Hongkong, kämpft für Demokratie und riskiert Gefängnis etc.

Von vielen Menschen wurde auch der einfache Wachmann Christoph Meili (1968) bewundert. Er entdeckte in einem Müllsack, dass Akten von nachrichtenlosen Vermögen von Holocaust-Opfern geschreddert werden sollten. Er widersetzte sich diesem Auftrag, leitete diese Akten an jüdische Organisationen weiter und wurde anschließend von diesen zum Helden erklärt. In seiner Heimat allerdings wurde er angeklagt und verlor seinen Job. Doch seine ›Verfehlung‹ zog eine Reihe positiver Nachwirkungen nach sich, weil a) die Großbanken gezwungen waren, nun einen Fonds zur Entschädigung von Holocaust-Opfern einzurichten, und b) die Rolle der Schweiz während des Nationalsozialismus historisch fundiert aufgearbeitet wurde (sog. Bergier-Bericht).

Edward Snowden (*1983) – Snowdens Enthüllungen zeigten das Ausmaß der weltweiten Überwachungs- und Spionagepraktiken von Geheimdiensten, insbesondere der USA und Großbritanniens. Snowden gab streng geheime Informationen über US-amerikanische und britische Programme nicht verfassungskonformer Überwachung weltweiter Datenkommunikation an den Guardian-Journalisten Greenwald weiter, der sie ohne Quellenangabe selektiv veröffentlichte.

Die o. e. Liste ist natürlich unvollständig. Sie soll lediglich exemplarisch aufzeigen, dass sich Whistleblowing auch lohnen kann, wenn oft auch nicht in klingender Münze.

Weil wir diese Menschen und ihre Taten bewundern, hat man vor einigen Jahren innerhalb der Medienlandschaft damit begonnen, Zivilcourage und auch Whistleblowing zu belohnen bzw. öffentlich als eine ehrenwerte und bewunderungswürdige Tat zu feiern. Hierzu wurden dann sogenannte Awards ausgeschrieben und vergeben. Oft geschah dies durch eine öffentliche Abstimmung oder durch ein vorgängig bestimmtes Gremium, das die PreisträgerInnen bestimmte. Hier eine (kleine) Auswahl solcher Preisverleihungen:

- Couragepreis der Stadt Laatzen
- Dachau-Preis für Zivilcourage
- Estrongo-Nachama-Preis für Zivilcourage und Toleranz
- Fritz-Greinecker-Preis für Zivilcourage
- Georg-Leber-Preis für Zivilcourage der IG Bauen-Agrar-Umwelt
- Hessische Medaille für Zivilcourage
- Ian-Karan-Preis für Zivilcourage des Polizeivereins Hamburg e. V.
- Mutig-Preis
- Paul-Spiegel-Preis für Zivilcourage
- Preis für Zivilcourage der Solbach-Freise-Stiftung
- Ute-Bock-Preis für Zivilcourage
- XY-Preis für Zivilcourage
- Prix Courage der Zeitschrift »Beobachter« (Publikumspreis) Usw.

Die PreisträgerInnen werden dann in den entsprechenden Medien veröffentlicht, interviewt, im Fernsehen gezeigt etc. Wir können dann zu ihnen aufsehen, weil sie geehrt wurden. Ihre Taten werden als ehrenwert bezeichnet und nötigen uns unsere Bewunderung ab. Dagegen kann man sich nicht wenden. Es ist eine öffentlich gemachte und eingeforderte Bewunderung, der man sich nicht entziehen kann.

Eine ganz andere Ambivalenz bezüglich Bewunderung finde ich in Corinna Sievers' Roman »Vor der Flut«. Es ist die Geschichte einer Frau, die sich selbst als Nymphomanin bezeichnet. Sie arbeitet als Zahnärztin. Während einer Zahnbehandlung liefert sie einem Patienten auch noch (all inclusive) einen Blowjob. Ihr Mann – sie ist verheiratet – weiß von den dauernden Seitensprüngen seiner Frau. Es ist ihre Obsession, ihre Sucht, sie kann nicht anders. Mit jedem Liebhaber erhofft sie sich eine Art von Erlösung, die sie natürlich nie findet. Im Anschluss an jedes Abenteuer erfolgen dann intensive Waschungen. Während einer solchen reflektiert sie ihr Tun. Sie meint: »Ich zerstöre aus Liebe und kann nicht anders.«[94] Es ist eine Form der Dekonstruktion. Aber ihr Mann Hovard (ein Psychoanalytiker) meint, dass man immer auch anders könne. Er widerspricht ihr und nimmt doch ihr Verhalten über mehr als 20 Jahre hin. Dafür bewundert und hasst sie ihn gleichzeitig. Die Geschichte endet tragisch.

94 Sievers, Corinna T.: *Vor der Flut.* Roman. Frankfurter Verlagsanstalt, Frankfurt am Main 2019, S. 137.

13 Entwunderung

Ein Wort, das man kaum kennt, welches es aber sehr wohl auch geben könnte, ist das der Entwunderung. Der »Duden« schreibt zu diesem Wort: »Leider gibt es für Ihre Suchanfrage im Wörterbuch keine Treffer. Vielleicht werden Sie in einem der anderen Seitenbereiche fündig.« Trotzdem hat, so meine ich, das Wort seine Bedeutung. Es geht demnach darum, dass eine Bewunderung bestanden hat und nun zurückgenommen wird, warum auch immer. Könnte auch sein, dass sie in sich zusammenfällt oder einfach mit der Zeit so quasi entschwindet.

Als ich 14 Jahre alt war, bewunderte ich meinen Judolehrer grenzenlos. Er hatte bei den Olympischen Spielen die Silbermedaille gewonnen. Ich war Anfänger und konnte dann mit ihm trainieren. Er wurde in unseren Judoclub geholt und leitete die Trainings. Aber schon bald bröckelte seine Fassade bei mir ab, denn seine Trainings waren langweilig, wir mussten immer das Gleiche machen, die Abläufe waren immer gleich und sein Coaching würde ich heute als sehr mangelhaft bewerten. Seine kämpferische Leistung war unbestritten, aber im Grunde weiß man ja, ein guter Athlet ist noch lange kein guter Lehrer oder Trainer. Aber weiß man das mit 14? Wohl eher nicht. Aber natürlich wurde ich älter, blieb dem Judosport treu und konnte seine Person, seine Leistung als Trainer relativieren und mit der Zeit besser einschätzen. Es war auch so, dass er nur eine kurze Zeit bei uns blieb und man sich dann relativ schnell wieder von ihm trennte.

So kann man festhalten, dass ältere Menschen wohl eher weniger bewundern als junge. Ob das mit einer gewissen Form der Desillusionierung zu tun haben könnte? Vielleicht lohnt es sich ganz einfach nicht mehr, weil man schon die Erfahrung gemacht hat, dass Bewunderung nicht unbedingt Patina, sondern eher Rost ansetzt und damit mit der Zeit zerfällt. Aber dann erinnere ich mich wieder an zwei doch schon etwas ältere Damen. Die eine bewunderte und schwärmte für Bon Jovi und besuchte (weltweit!) jedes Konzert. Hier ging dann ihre finanzielle Unabhängigkeit mit der Bewunderung eine Symbiose ein, und sie konnte sich dem hingeben. Erst der Lockdown anlässlich der Covid-Pandemie konnte ihre Bewunderung etwas zügeln. Eine andere ältere Dame bewunderte insbesondere die Eleganz und Anmut des schweizerischen Eiskunstläufers Stéphane Lambiel. Er beherrschte die perfekte Drehung auf dem Eis. Ihre Bewunderung diesem Sportler gegenüber war grenzenlos, und auch reiste sie ihm ständig hinterher. Wie sich ihre Bewunderung veränderte oder auch nicht, als er seine Karriere beendete, ist mir nicht bekannt. Eine andere, ebenfalls ältere Dame berichtete auf meine Frage nach einer möglichen Bewunderung in ihrem Leben, dass sie nichts und niemand bewundert habe und dass ihr diese Form der Interaktion völlig abgehe. Sie habe schon während ihrer Pubertät ihre Kameradinnen beobachtet, die sich irgendeiner Bewunderung hingaben. Sie habe das, bedauerlicherweise, wie sie hinzufügte, leider nie vermocht. Sie empfand ihren Altersgenossinnen gegenüber Neid. Bewunderung als ein erlebter Verlust, ein Manko. Hier kam es dann gar nie zu einer Entwunderung, weil gar nie eine Bewunderung stattfand.

Ein anderes Beispiel aus der heutigen Zeit ist das der Influencerin, die zig Follower im Netz hatte und während einer Autofahrt in eine Demo geriet und so nicht weiterfahren konnte. Sie begann die Demonstranten zu beschimpfen und gebärdete sich recht verärgert. Aber wie es in der heutigen Zeit eben so ist, ihr Verhalten wurde per Handy aufgezeichnet, gefilmt und ins Netz gestellt. Eine Sache, von der die Influencerin ja im Grunde lebt. Aber der Shitstorm ließ nicht lange auf sich warten, und sie wurde im Netz übel beschimpft und verlor Aufträge, für die sie im Netz warb. Weil sie a) kein Verständnis für diese Demonstranten zeigte, verlor sie b) einen Teil ihrer Anhängerschaft und erlitt c) eine beträchtliche Einbuße ihrer Einkünfte. Influencer sind von der Bewunderung ihrer Anhänger, ihres Gefolges abhängig; bricht das, aus welchen Gründen auch immer, weg, ist ihre Existenz gefährdet. Später – das sei hier der Vollständigkeit halber auch erwähnt – erfuhr man, dass sie schwanger und auf dem Weg zu einer ärztlichen Kontrolle gewesen war. Möglich, dass sie sich mit dieser Information einen Teil ihrer Anhängerschaft wieder zurückerobern und die entgangene Bewunderung reparieren konnte.

Betrachten wir noch ein weiteres Beispiel. Hier geht es zum einen um einen Bankdirektor und zum anderen um Boris Becker, die deutsche Tennis-Ikone. Beide haben sich strafbar gemacht und standen vor Gericht. Die Anklagen bzw. die Verurteilungen will ich hier überhaupt nicht kommentieren. Darum geht es auch nicht. Es geht darum, dass beide Männer in der Öffentlichkeit standen bzw. immer noch stehen. Beide befleißigten sich eines aufwendigen Lebensstils. Das war bekannt. Sie füllten die Gazetten sowie die Promi-Nachrichten im TV. Sie wurden bewundert. Sie lebten das Leben, das viele von uns auch leben wollten, aber nicht können. Hier mischt sich Bewunderung mit Neid. Aber man gestand den beiden Männern zu, dass sie es geschafft hatten: Von einem ›Normalo‹ wurden sie zu Angehörigen des Jetset, und damit wurden sie bewundert. Diese Bewunderung wurde durch die mediale Aufmerksamkeit über Jahre gehegt und gepflegt. Wenn eine Bewunderung so lange anhält, dann, so meine Vermutung, wird sie nicht kleiner, sondern sie wächst. Eventuell sogar über Generationen. Viele Menschen, die Boris Becker bewundern, haben ihn eventuell gar nie spielen gesehen, als er noch spielte. Aber das ist auch nicht wichtig, weil er ja wegen seines Lebensstils bewundert wird, den er heute pflegt. Bei dem Bankdirektor dasselbe. Auch dieser wird nicht bewundert, weil er vielleicht eine gute Führungsperson ist oder seine Bank geschickt managt, sondern weil er immer wieder als Lebemann, der das Leben zu genießen weiß, in der Öffentlichkeit auftaucht bzw. porträtiert wird.

Man bewundert nicht ihre Leistungen, sondern ihren Lebensstil, und man beneidet sie darum. Umso größer ist dann die Häme, die Schadenfreude, wenn solche Menschen fallen. Man sagt dann, dass man das, also den Fall, schon immer geahnt habe, dass man das vorausgesehen habe und dass so etwas ja gar nicht gutgehen werde. Man legitimiert seine eigene kleine Existenz im Verhältnis zu diesen Großen, die sich mit Schuld beladen haben und nun dafür büßen – weniger mit der Gefängnisstrafe als mit dem sozialen Fall. Bei Boris Becker, der dann tatsächlich auch einsitzen musste, wurde tagtäglich über sein Befinden in der Zelle und im Gefängnis berichtet. Das hält die Häme, die Schadenfreude am Leben. Die Entwunderung nimmt ihren Lauf und ist bald so groß, wie einmal die Bewunderung war.

Oder vielleicht sogar noch größer. Entwunderung hat ja auch damit zu tun, dass man sich geirrt hat. Wie konnte man seine Bewunderung an eine solche Person binden, wie kam man nur dazu, sie, gerade diese, zu bewundern? Man ärgert sich über sich selbst. Wie konnte ich nur? So ist es denn ein Leichtes, diesen Ärger auf die ehemals bewunderte Person zu projizieren. So muss sie noch tiefer fallen. Dieses Bild erinnert an große Potentaten, denen man Standbilder, Büsten, Monumente errichtet hat; wenn sie ihre Macht verloren haben, werden sie von ihrem Sockel gestürzt und zerbersten auf dem Asphalt in unzählige kleine Stücke. Als die Berliner Mauer fiel, die zwar nicht bewundert worden war, aber als Sinnbild von Macht und Stolz galt und für die Machthaber der ehemaligen DDR ein bewunderungswürdiges Werk war, war es für viele Berliner Bürger und Bürgerinnen ein Fest, jeweils einen kleinen Teil dieser Mauer, einen Stein wenigstens, herauszubrechen und für sich zu behalten. Der ehemalige ›Duce‹ von Italien, Mussolini, wurde an den Knöcheln aufgehängt, als er fiel. Und gerade dieser Mann hatte es im großen Stil auf Bewunderung abgesehen. Mit dieser in hohem Maße demütigenden Szenerie konnte man mit der eigenen Bewunderung umgehen bzw. mit dieser abschließen. Es gibt viele Arten der Bewunderung, aber eben auch der Entwunderung. Nur wird über diese noch weniger nachgedacht als über ihr eher positiv erlebtes Pendant.

Es gibt aber auch die freiwillige Entwunderung. Hierbei greife ich auf den 2002 erschienenen Film »8 Mile« zurück. Jimmy lebt mit seiner alkoholabhängigen Mutter und seiner kleinen Schwester in einem heruntergekommenen Wohnwagen. Tagsüber arbeitet er an einem Fließband in einer Autofabrik. Während er sich mit alltäglichen Problemen rumschlagen muss, träumt er, zusammen mit seinen Freunden Future, DJ Iz und Sol von einer professionellen Karriere als Rapper. Der Protagonist Rabbit, einer der wenigen Weißen in dem von Schwarzen geprägten Stadtteil, wird im Film mehrfach aufgefordert, auf die andere Seite der Eight Mile Road zurückzukehren. Der Begriff ›8 Mile‹ wird so zum Synonym für soziale und kulturelle Barrieren, die nur schwer zu überwinden sind. »Die einzelnen Szenen und Orte sind fiktiv, doch der Film und Eminems Leben haben viele Überschneidungen, besonders in emotionaler Hinsicht – die Wut, die Hilflosigkeit und die Angst sind real«, sagt der oscarpreisgekrönte Hanson in einem dpa-Gespräch am 4.1.2003.[95] Am Schluss des Films gewinnt die Hauptfigur Jimmy das Finale gegen einen schwarzen Mitbewerber. Er wird frenetisch gefeiert und kann sich der Bewunderung des Publikums, die auch verbalisiert wird, sicher sein. Die Schlussszene des Films spielt sich dann dergestalt ab, dass ihm ein schwarzer Vermittler eine große Karriere mit viel Geld in Aussicht stellt. Jimmy lehnt ab und entzieht sich der Bewunderung: Er gehört nicht auf diese Seite der Straße. Viel wird hierzu nicht gesagt, die Szene und der Film enden im Schweigen. Jimmy weiß, wo sein Platz ist, und einen anderen will er nicht, obwohl ihm dieser nach seinem großen Sieg auf dem Silbertablett offeriert wird. Er entwundert sich.

Hat Jimmy nicht etwas vom Zenbuddhismus, frage ich mich? Indem er sich freiwillig in die Anonymität begibt, entsagt er jeglicher Bewunderung. Diese war ihm ja nach seinem Sieg gewiss, und er hätte ausgesorgt gehabt. Welche Größe, welche Demut, welche Selbsterkenntnis, ist man da geneigt zu sagen. Wer kann das schon? Wer ist in der Lage, sich so zu entwundern? Nun, im Movie ist natürlich alles möglich. Aber das spielt jetzt hier nicht so eine große Rolle. Es zeigt mir noch einmal deutlich auf, welch hohen Anreiz es hat, wenn man weiß, dass man bewundert wird, bewundert werden kann. Streben wir es im Grunde nicht alle immer wieder und jederzeit an? Aber wäre es, aus ethischer Sicht, nicht höher einzustufen, wenn wir uns davon freimachen könn(t)en? So wie eben Jimmy? Hätte er es nicht getan, würde ich ihn hier nicht erwähnen. Aber er wird es nie erfahren.

95 N.N.: »›8 Mile‹: Eminem rappt seine Lebensgeschichte«, in: Stern.de, 4.1.2003. https://www.stern.de/kultur/film/kino--8-mile---eminem-rappt-seine-lebensgeschichte-3336128.html (Zugriff am: 13.7.2022).

14 Warum gibt es überhaupt: *die Bewunderung?*

Um diese Frage einigermaßen korrekt beantworten zu können, muss ich etwas weiter ausholen. Es geht dabei um psychologisch-philosophische Aussagen. Diese führen uns zunächst in die Entwicklungspsychologie. Bewunderung hat ja damit zu tun, dass wir, je nach Position, jemanden wahrnehmen oder von jemand anderem wahrgenommen werden. Wie bereits ausgeführt, spielt es keine Rolle, ob man eine an einen selbst gerichtete Bewunderung wahrnimmt oder nicht. Ob dies genetisch angelegt ist oder epigenetisch gesteuert wird, darüber möchte ich mich hier nicht äußern. Man bewundert oder man wird bewundert. Es scheint so, dass es hierfür ein Bedürfnis gibt. Es scheint weiter so, dass Bewunderung bzw. das Bedürfnis hierzu in uns angelegt ist; es ist ein Teil der Sozialisation. Dies wiederum bedeutet, dass wir auf dem Weg zu unserer personalen Identität, neben unzählig vielen anderen Dingen, auch ein Gefäß für das Bewundern haben, errichten, aufbauen. Bei dem einen vielleicht mehr, bei dem anderen eventuell weniger. Bewunderung ist also ein Teil dieser Sozialisation.

> »Sozialisation bezeichnet nach dieser Definition den Prozess, in dessen Verlauf sich der mit einer biologischen Ausstattung versehene menschliche Organismus zu einer sozial handlungsfähigen Persönlichkeit bildet, die sich aber über den Lebenslauf hinweg in Auseinandersetzung mit den Lebensbedingungen weiterentwickelt. Sozialisation ist die lebenslange Aneignung von und Auseinandersetzung mit den natürlichen Anlagen, insbesondere den körperlichen und psychischen Grundmerkmalen, die für den Menschen die ›innere Realität‹ bilden und der sozialen und physikalischen Umwelt, die für den Menschen die ›äußere Realität‹ bilden.«[96]

---

96 Hurrelmann: *Einführung in die Sozialisationstheorie*, S. 15/16. Nur am Rande sei hier angemerkt, dass in diesem als klassisch zu bezeichnenden Buch zur Sozialisationstheorie die Bewunderung keinerlei Erwähnung findet.

So weit die wissenschaftliche Definition. Was leite ich davon ab? Sozialisation ist ein Konstrukt und Bewunderung ist ein Mosaiksteinchen darin, auf das wir hier eben unseren Fokus richten. Bewunderung, so können wir aus dieser Definition ableiten, vollzieht sich in einem Wechselspiel zwischen Anlage und Umwelt. Wie diese Bewunderung, egal ob die aktive oder passive, sich dann abspielt, wie sie gefärbt ist, wie, wann und wo sie sich auslebt, obliegt dann dem jeweiligen Individuum. Jedes Individuum macht sich seine Bewunderung selbst. Tiere, soweit man das überhaupt beurteilen kann, bewundern nicht. Soweit mir bekannt ist, bewundern auch Primaten nicht.

Somit wird Bewunderung zu einem Teil der eigenen Persönlichkeit, zur eigenen, individuellen Persönlichkeitsstruktur.[97] Wie bereits erwähnt, entwickelt sich dieses Bedürfnis nach Bewunderung in Abhängigkeit von der Individualstruktur und den herrschenden Umweltstrukturen. Auch Bewunderung ist einem jeweils herrschenden Zeitgeist unterworfen. Hurrelmann spricht da (von Bewunderung sagt er nichts) von einer inneren und äußeren Realität.[98] Aber nicht nur die äußere Realität wandelt sich und damit auch die Objekte der Bewunderung, sondern Bewunderung kann sich auch im Laufe eines Lebens wandeln. Von der Kinder- über die Jugendzeit bis ins hohe Alter kann Bewunderung einem Veränderungsprozess unterworfen sein. Bewunderung, insbesondere in jungen Lebensjahren, wird durch die Sozialisationsinstanzen bzw. deren AgentInnen (wie es in der Sozialpsychologie heißt) mitbeeinflusst. Bewundere ich als Kind Objekt A, kann sich dies im Jugendalter hin zu Objekt B verschieben etc. Auch das Bedürfnis, bewundert zu werden, ist möglicherweise in der Adoleszenz stärker und nimmt im höheren Alter ab. Und: Es kann sich genauso auch umgekehrt verhalten. Wer weiß das schon? Bereiche wie die Familie, Schule, Ausbildung, Arbeit, Freizeit, Unterhaltung, Freunde können als Sozialisationsagenten verstanden werden und ihren Einfluss auf die Bewunderung geltend machen.

97 Vgl. Rogers, Carl R.: *Entwicklung der Persönlichkeit. Psychotherapie aus der Sicht eines Therapeuten.* Klett-Cotta, Stuttgart 1985 (5. Aufl.).

98 Vgl. Hurrelmann: *Einführung in die Sozialisationstheorie*, S. 27.

Alle diese Faktoren haben dann einen – je nachdem – individuell ausgeprägten Einfluss auf die Entwicklung der Persönlichkeitsstruktur, von der die Bewunderung einen Teil ausmacht.

Gehen wir einen Schritt weiter. Bewunderung verbindet mich mit anderen Menschen. Wiederum spielt es hierbei keine Rolle, ob diese Verbindung gelebt wird, ob sie einem bewusst ist oder nicht. Aber sie geschieht und vermittelt dem aktiven wie auch dem passiven Teil (wenn er denn davon weiß) in irgendeiner Form einen Lustgewinn. Man könnte somit bei der Bewunderung auch von einer Grundbefindlichkeit sprechen. Der Mensch, gemeinhin als soziales Wesen bezeichnet, wird immer wenigstens ein Fünkchen Bewunderung für ein Objekt haben oder eine Spur von Bewunderung, auf sich selbst bezogen, verspüren.

Es war Ronald D. Laing, der sich auch mit der Fantasie als einer realen Erfahrung des Subjekts auseinandergesetzt hat. In seinem Buch »Das Selbst und die Anderen« kommt zwar die Bewunderung als solche explizit nicht vor, trotzdem kann hier die Fantasie kurz erwähnt werden, weil sich Bewunderung eben sehr oft auch in der Fantasie abspielen kann, und dies gerade – und damit finden wir wieder zur Sozialisation zurück – in der Jugend- bzw. Pubertätszeit. Man spricht dann oft auch von Schwärmereien, die aber im Grunde nichts anderes bedeuten als eine gewisse Form der Bewunderung. Die Fantasie, hier als Bewunderung verstanden, ist »eine Erfindung – da man sie weder berühren noch handhaben noch sehen kann. Der Terminus bezeichnet sowohl ›reale‹ Erfahrungen, deren sich das Subjekt nicht bewusst ist, wie auch eine geistige Funktion, die ›reale‹ Wirkungen hat. Diese realen Wirkungen sind die realen Erfahrungen. Fantasie scheint nun ihre eigene *Ursache* [kursiv i. O.] als Wirkung zu sein und ihre eigene Wirkung als Ursache.«[99] Mit dem Einbezug der Fantasie als einem oft wesentlichen Element der Bewunderung gelangen wir auch zu den Emotionen, die untrennbar mit dem Phänomen der Bewunderung verbunden sind. In der hier gebotenen Kürze sei erwähnt, dass bei Bewunderung immer auch starke Emotionen mit

99 Laing, Ronald D.: *Das Selbst und die Anderen.* Kiepenheuer & Witsch, Köln 1973, S. 21.

im Spiel sind. Piaget und Inhelder schreiben: »[...] die Affektivität ist die Energetik der Verhaltensweisen, deren kognitiver Aspekt sich nur auf die Strukturen bezieht. Es gibt deshalb kein Verhalten, so intellektuell es auch sein mag, das nicht als Triebfedern affektive Faktoren enthalten würde; doch umgekehrt kann es auch keine affektiven Zustände geben, ohne dass Wahrnehmungen und Anschauungen mitwirken, die ihre kognitive Struktur ausmachen. Das Verhalten ist folglich eines, auch wenn seine Strukturen nicht seine Energetik erklären und umgekehrt die Energetik die Strukturen unberücksichtigt lässt; der affektive und der kognitive Aspekt sind weder voneinander zu trennen noch aufeinander zurückzuführen.«[100] Wir stellen fest, dass sowohl Laing wie auch Piaget und Inhelder von einem Wechselwirkungsverhältnis ausgehen. Für Bewunderung bedeutet das, dass die Fantasie die Ursache realer Erfahrungen ist, die sich aber nur in der individuellen Vorstellung ereignen (können), während diese Vorstellungen sich wiederum als Ursache weiterer Bewunderung ergeben können. Ähnlich verhält es sich bei Emotionen, intellektuellen Wahrnehmungen und Anschauungen, die immer, so Piaget und Inhelder, ineinander verschränkt sind und wo das eine ohne das andere nicht existieren kann. Als wohl einer der Ersten hat der schottische Philosoph David Hume darauf hingewiesen, dass Emotionen in unserem Denken immer eine große, wenn nicht sogar entscheidende Rolle spielen.[101] Wir halten demnach fest, dass beim Bewundern bzw. Bewundertwerden sich immer ein Zusammenspiel von Werthaltungen, Anschauungen und Emotionen (früher: Affekte) ergibt. Fazit: Gefühlloses Bewundern oder Bewundertwerden gibt es nicht.

Bewunderung hat aber auch mit Anerkennung zu tun. Man bewundert, indem man anerkennt, und wenn man weiß, dass man bewundert wird, so weiß man, dass man anerkannt ist. Nun ist der Begriff der Anerkennung in den letzten Jahren zu einem eigenen System, wie ich hier mal sagen möchte, erweitert, ausgebaut worden. Insbesondere der Philosoph Axel Honneth hat diesen Begriff analy-

---

100 Piaget, Jean; Inhelder, Bärbel: *Die Psychologie des Kindes.* Klett-Cotta im dtv, München 1987 (2. Aufl.), S. 156.

101 Hume: *Eine Untersuchung über die Prinzipien der Moral*, S. 51.

siert, seine Herkunft von Hegel abgeleitet und damit eine eigene Gesellschaftstheorie entwickelt. So weit würde ich hier nicht gehen wollen. Es geht mir weniger um einen ›Kampf um Anerkennung‹[102], mit dem eine moralische Grammatik sozialer Konflikte beschrieben werden soll. Trotzdem erscheint es mir durchaus angemessen, diverse Gedankengänge von Honneth in einen Zusammenhang mit der hier beschriebenen Thematik der Bewunderung zu stellen. Die Anerkennung, die sich ja auch in der Bewunderung widerspiegelt, basiert laut Honneth auf drei Grundpfeilern: 1. der emotionalen Zuwendung (Liebe, Freundschaft), 2. der rechtlichen Anerkennung und 3. der solidarischen Zustimmung. Für unseren Gegenstand der Bewunderung scheint mir nun der erste Bereich der Liebe, der von Honneth als Primärbeziehung[103] bezeichnet wird, von besonderer Bedeutung zu sein. Hierbei zeigt sich nun auch die besondere Form der Anerkennung, weil sich hier eine besonders stark aufgeladene Beziehung auf affektiver Ebene zeigt. Wer bewundert, bewundert i. d. R. grenzenlos, was so viel bedeutet, wie, dass dem Objekt eine ungeteilte, ungetrübte, unkritische Haltung entgegengebracht wird. Mehr Anerkennung geht nicht! Ein bisschen Bewunderung auch nicht. Eine starke Gefühlsbindung ist das Fundament jeglicher Bewunderung. Honneth leitet diese Gefühlsbindung von der Sozialisation ab, die quasi mit dem ersten Tag nach der Geburt beginnt (eventuell auch schon intrauterin, R. B.). Es geht hier um das Zusammenspiel von Mutter und Kind, »weil beide Subjekte zunächst durch aktive Leistungen in den Zustand symbiotischen Einsseins einbezogen sind […]«.[104] Bewunderung, insbesondere eine starke Bewunderung, könnte somit auch als ein Verschmelzen mit dem Objekt bzw. als eine primäre Gefühlsbeziehung verstanden werden. Ohne dies hier überinterpretieren zu wollen, könnte man Bewunderung als einen regressiven Akt verstehen, der seine Befriedigung aus der Primärsozialisation herleitet. Der Bewunderer bzw. die Bewunderin sucht die symbiotische Gemeinsamkeit mit dem von ihm/

102 Honneth: *Kampf um Anerkennung.*

103 Vgl. ebd., S. 153.

104 Ebd., S. 159.

ihr bewunderten Objekt. Aufseiten des Bewunderten spielt sich der exakt gleiche Prozess ab. Die real stattfindende Mutter-Kind-Dyade wird beim Bewundern immer wieder wiederholt, muss immer wieder wiederholt werden, um daraus seine Befriedigung herleiten zu können. Bewunderung hat kein Ziel. Dies ist der große Unterschied zur realen Primärsozialisation, die auf Wachstum, auf Reife hin angelegt ist. Dies alles existiert beim Bewundern nicht. Bewunderung geschieht ziellos und ist in sich jeweils Zweck genug. Allerdings unterliegt sie einem Wiederholungszwang. Bewunderung endet mit dem Ende der Bewunderung. Warum auch immer. Aber mit der Bewunderung kann das Urvertrauen, ein Hauptzweck der Primärsozialisation, nicht generiert, nicht erhalten, geschweige denn aufgebaut werden. Diese Qualität besitzt das Bewundern nicht. Eine über alle Maßen hinausgehende Bewunderung wird denn auch als neurotisch bezeichnet. Kommt sogar noch ein Realitätsverlust hinzu, muss von einem psychotischen Geschehen gesprochen werden. In der Primärsozialisation werden sich – dies als ein Zeichen des Reifeprozesses – die Sozialisationsagenten im Laufe der Zeit zurückziehen und durch sekundäre Vertreterinnen (Kindergarten, Schule, Peergroup etc.) ersetzt werden. Nicht so bei der Bewunderung. Natürlich kann ein Objekt durch ein anderes ersetzt werden. Aber der Prozess als solcher verändert sich nicht. Bewunderung kennt keinen Reifeprozess. Dies ist auch der Grund, warum sie sich immer wieder, in der gleichen Art und Weise, wiederholen muss.

Ein Mensch, der einen anderen bewundert, zeichnet sich nicht im eigentlichen Sinne durch Wertschätzung dieser anderen Person gegenüber aus. Die Person in ihrer gesamten Eigenart, mit ihren Stärken und Schwächen, wird im Grunde nicht wahrgenommen. Bewunderung ist ein egozentrischer Akt. Die Person kreist immer um sich selbst. Die von ihr bewunderte Person dient lediglich als Mittel zum Zweck. Genauso verhält es sich bei demjenigen, der bewundert wird. Warum diese Person bewundert wird, interessiert sie nicht; Hauptsache, dass … Bewunderung bewegt sich somit immer fern jeglicher Realität, jeglicher Realitätsüberprüfung. Diese ist auch nicht notwendig. Der Prozess wird intern gesteuert und entzieht sich jeglichem äußeren Realismus. Hier kommen die bereits erwähnten neurotischen Prozesse zum Tragen.

Juristisch betrachtet, stellt Bewunderung keinen Straftatbestand dar und muss deshalb auch vom Stalking unterschieden werden. Hier spielt m. E. auch weniger die Bewunderung mit hinein, sondern eher der Faktor der Macht, der Inbesitznahme u. dgl. mehr. Deshalb scheidet auch die von Honneth als drittes Kriterium der Anerkennung genannte Solidarität bei der Bewunderung aus. Der Bewunderer solidarisiert sich nicht mit dem Objekt. Es wäre dann auch gar keine Bewunderung mehr. Wertschätzung des Objektes spielt keine Rolle. Ein Objekt kann nicht wertgeschätzt werden, es würde dann zum Subjekt. Damit wären dann Akte der Solidarisierung möglich. Durch die Bewunderung erfährt der Bewunderer Anerkennung, die er sich durch den Akt der Bewunderung selbst verschafft. Diese gibt ihm ein gutes Gefühl und erhöht somit auch die Wiederauftretenswahrscheinlichkeit dieses Verhaltens. In dieser doch etwas speziellen Form kann man also durchaus von einer Eigen-Anerkennung sprechen. Der Bewunderer anerkennt sich in seiner Bewunderung selbst. Ebenso der Bewunderte. Wer bewundert wird, fühlt sich anerkannt und stärkt somit sein Selbstwertgefühl, das ebenfalls auf eine immer wiederkehrende Wiederholung angewiesen ist. Der Bewunderte fühlt, dass er Ansehen genießt, und deutet dies als soziale Wertschätzung. Dass diese aber von einem Tag auf den anderen wegbrechen kann, ist ihm i. d. R. nicht bewusst. Eine seelische Krise wäre dann die Folge. Da Bewunderung eine fiktionale Gegebenheit darstellt, basiert sie nicht auf realen Inhalten, Entitäten. Denn die Solidarität basiert auf realen Interaktionsverhältnissen und benötigt »symmetrische Wertschätzung«.[105] Diese wiederum ist an autonome Subjekte gebunden. Bei der Bewunderung finden wir diese aber nicht, sondern der Bewunderer sucht seine Befriedigung bei einem Objekt, das er sich hierzu auserkoren hat. Der Bewunderte stellt sich seine Bewunderung vor, die aber keine Basis hat.

Betrachten wir abschließend aus entwicklungspsychologischer Sicht, wie es Kindern ergeht, die als sogenannte Kinder-Influencer

---

105 Ebd., S. 209.

agieren und von einer Fan-Gemeinde als Internetstars bewundert werden. Was sie selbst vielleicht bewundern, ist nicht klar, aber dass sie bewundert werden, steht fest. Es geht um bezahlte Werbung, für die diese Kinder ›gebraucht‹, ›verwendet‹ werden. So haben Ryan Kaji, 10 Jahre alt, und seine Familie auf dem Youtube-Kanal »Ryan's World« ein Millionen-Dollar-Imperium errichtet.[106] Ryan hat 32,5 Millionen Abonnenten. Seine Eltern stellen ihn ins Netz. Gleich verhält es sich bei Everleigh Rose, die ebenfalls seit ihrem dritten Lebensjahr vor einer Videokamera steht und Dinge zeigt, die die Web-Gemeinde kaufen soll. Sie hat aber nur 3,8 Millionen Abonnenten, aber auch Tausende von Kindern, die sie bewundern. Es hat sich gezeigt, dass Kinder weltweit lieber diese Altersgenossen sehen wollen als z. B. TV-Serien. Logisch, ist man geneigt zu sagen, mit jenen können sie sich eher identifizieren und sie auch bewundern. Was dann wiederum von Eltern der Bewunderten in bare Münze umgesetzt werden kann, vorausgesetzt, die Verkaufszahlen stimmen. Diese Internet-Ikonen, wie sie in dem Bericht bezeichnet werden, leben in einer eigenen Welt, und man fragt sich, wie sie sich als Menschen entwickeln werden, wenn sie bereits als Kleinkinder Gegenstände solch massiver Bewunderung geworden sind. Dabei geht es nicht nur um die Werbung. Damit die bewunderten Kinder auch als Bewunderungsträger glaubhaft sind, muss der Community auch Einblick in ihr Leben gewährt werden; ihre Persönlichkeit muss als Muster öffentlich dargestellt werden. Mit dem Internet ist nichts leichter als das. Alle Alltagsverrichtungen, wie das Aufsuchen des Töpfchens, der Toilette, Essen, Spielen, Kindergeburtstage etc. werden von den Eltern zwecks Bewunderung ins Netz gestellt. Zum Teil werden auch schon intrauterine Ultraschallbilder gepostet. Man kann eben nie früh genug anfangen. Aber es gibt auch eine Kehrseite, wie meistens im Web: Zum Teil werden diese Kinder auch mit Spott, Hass und Häme überschüttet. Sie müssen mehrmals die Schule wechseln, weil sie in der Klasse, wohl auch aus Neid, gehänselt und gemobbt werden. Die bewunderten Kinder müssen aber auch etwas leisten, wenn

106 Hirsch, Annabelle: »Das Kind als Popstar und Profitcenter«, in: Das Magazin. Nr. 21, 28.5.2022, S. 10–15. Der Artikel basiert auf dem Buch: Vigan, Delphine de: *Die Kinder sind Könige.* Roman. Dumont, Köln 2022.

sie fürs Netz vor der Kamera stehen. Diese Kinder geben sich übertrieben fröhlich, kennen ihren Text genau und sind sich ihrer Rolle sehr wohl bewusst. Dies auch schon in sehr jungen Jahren. Sie sind nie müde, quengeln nie, sind immer ›ready to go‹ und ununterbrochen happy. Kann so eine gesunde Kindheit aussehen? Eine rhetorische Frage. Und zwar auch wieder doppelt: Die bewunderten Kinder haben keine gute Kindheit, wie ich meine. Die Kinder, die diese Kinder bewundern, aber auch nicht. Sie lernen, dass man solche Kinder bewundern soll, dass diese etwas Außerordentliches leisten, allein deshalb, weil sie im Netz erscheinen. Dass die Kinder, die bewundern, dann auch die Produkte haben wollen, die sie gezeigt bekommen haben, erscheint logisch, und dass deren Eltern diese Produkte dann auch käuflich erwerben, ebenso. »Und genau darin liegt ein grundlegendes und durch Kinderschutzorganisationen immer wieder angesprochenes Problem: Statt sich frei zu entwickeln, also ohne den früh genug im Leben eintretenden Druck, sich anpassen oder gefallen zu müssen, werden diese Kinder dazu erzogen, den Erwartungen anderer, in diesem Fall Millionen unbekannter Follower, zu entsprechen, sie vorherzusehen und zu erfüllen.«[107] In dem von Hirsch hier dargestellten Bericht wird der Fokus nur auf die Kinder gerichtet, die als Bewunderte im Netz fungieren. Aber was macht es mit den vielen Millionen Kindern, die diese Kinder bewundern? Werden diese nicht auch um einen Teil ihrer Kindheit, ihrer Persönlichkeitsentwicklung betrogen, indem man ihnen diese Real-Fiktionen vor die Nase setzt? Werden sie nicht geradezu zu Konsumenten erzogen, gedrillt, ohne sich dessen bewusst zu sein? Denn diese Darstellungen im Netz werden nicht thematisiert. Sie enthalten keine Gewalt oder sexualisierte Szenen. Es sind einfach nur Kinder darin zu sehen, die für Schuhe, Jacken, Hosen, Freizeitparks, Apps, Snacks, Kekse, Reiseziele u. v. m. werben, indem sie irgendetwas anpreisen, auspacken oder verspeisen und man eindeutig davon ausgehen muss, dass es extrem lecker, gut, hip etc. ist. Sind nicht beide Seiten hier Sklaven einer Konsumgesellschaft, die sich kaum noch steigern kann? Handelt es sich hierbei nicht auch um Kinderarbeit größten Ausmaßes? Aber auch das wird

---

107 Hirsch: »Das Kind als Popstar und Profitcenter«, S. 13.

kaum thematisiert. Denn die Aufnahmen werden zumeist zu Hause gemacht. Auch ein Kinderzimmer kann zu einem Studio umfunktioniert werden. Das Motto lautet dann: Unser lustiger Alltag. Ein weiterer Aspekt ist der, dass sich die einmal hochgeladenen Bilder nicht mehr löschen lassen. Was macht das mit den Kinder-Influencern, wenn sie mal erwachsen sind? Niemand weiß das. Finden sie es dann eher peinlich? Wie geht es ihnen dann, wenn sie nicht mehr bewundert werden und das Leben von Normalsterblichen führen müssen? Einige Beispiele von Kinderstars aus dem Filmbusiness sind bekannt. Depressionen und übermäßiger Alkoholkonsum sind da nicht selten. Dass Menschen mit pädophiler Neigung diese Kanäle auch schon entdeckt haben, erscheint einsichtig.

Es ging mir hier um die großen sozialen, entwicklungspsychologischen Gefahren, die bei Kinder-Influencern und ihren Bewunderern entstehen können. Genaueres ist aber noch kaum bekannt, und so sind hier eine Reihe von Vermutungen aufgelistet. Es wäre aber in Bezug auf Bewunderung eine Unterlassungssünde gewesen, hierauf nicht hingewiesen zu haben. Peter Sloterdijk, der große Kulturanthropologe, hat sich auch zum Influencer-Phänomen geäußert, und seine Meinung soll hier abschließend wiedergegeben werden: »Das nach 2001 sich verbreitende Influencer-Phänomen bezeugt eine durch obsessiven Mediengebrauch erworbene massive Bereitschaft zu vagen Obsessionen durch geistlose Verführungsagenten und -agentinnen.«[108] Eine kompromisslose Aussage, wie ich meine, denn Obsessionen können ja als Zwangsvorstellungen verstanden werden. Bewunderung wird hierbei zu einer zwanghaften Vorstellung, die die eigenen Gedanken in die immer gleiche Richtung lenkt, zwingt. Dies kann dann nur noch als pathologisch bezeichnet werden, und der Gang zu einer Therapeutin, einem Therapeuten wäre angesagt. Aber für wen? Das ist hier die Frage.

Dass man Bewunderung durchschauen und sich trotzdem von ihr geschmeichelt fühlen kann, belegt der Schriftsteller Jake in dem Ro-

---

108 Sloterdijk, Peter: *Den Himmel zum Sprechen bringen. Über Theopoesie.* Suhrkamp, Berlin 2020, S. 113, Fußnote 115.

man von Jean Hanff Korelitz.[109] Es soll hier nicht auf die eigentliche Geschichte, die durchaus spannend und damit lesenswert ist, eingegangen werden, sondern lediglich auf eine anfängliche, an die Hauptfigur heranführende Passage hingewiesen werden. »Jake nahm einen vorsichtigen Bissen von seinem Maisbrot: trocken, wie zu erwarten. Seit Jahren hatte er keine solche Anerkennung mehr erfahren: es war unglaublich, wie schnell die narkotisierend warmen Gefühle zurückgeflutet kamen. So fühlte es sich also an, bewundert zu werden, und zwar von jemandem, der genau wusste, wie schwer es war, eine richtig gute Zeile Prosa zu schreiben.«[110] Im weiteren Verlauf des Romans wird Jake dann sehr wohl noch ein sehr berühmter und hoch bewunderter Autor. Aber die Sache hat einen kleinen Haken, der hier nicht verraten werden soll – glücklich wird er dabei auch nicht.

---

109 Korelitz, Jean Hanff: *Der Plot. Eine todsichere Geschichte.* Roman. Heyne, München 2022.

110 Ebd., S. 25.

15 Können wir Menschen mit geistiger Behinderung bewundern?

Dies ist wohl eine etwas merkwürdige Fragestellung, zugegeben. Aber warum sich nicht einmal hierüber Gedanken machen? Vorab etwas Zahlenmaterial: Das schweizerische Bundesamt für Statistik hält fest, dass 2017 54.000 Kinder mit einer Behinderung in der Schweiz lebten.[III] Nehmen wir die erwachsenen Menschen mit einer Behinderung dazu, wird die Anzahl natürlich um ein Vielfaches größer. Aber das spielt hier keine besondere Rolle. Wichtiger scheint mir vielmehr zu sein, ob wir von sinnes- und/oder körperbehinderten Menschen sprechen oder von kognitiv beeinträchtigten, sprich: von geistig behinderten Menschen, egal, welches Alter diese aufweisen. 46 % der dort erwähnten Kinder weisen eine Körperbehinderung auf, 16 % eine geistige Behinderung. Letztere Gruppe wird aber vom Amt als schwieriger eingeschätzt, weil die Auswirkungen der Behinderung als wesentlich gravierender bezeichnet werden. Eine kognitive Beeinträchtigung verlangt wesentlich mehr Unterstützung von den Betreuungspersonen, als dies bei körper- und sinnesbehinderten Menschen der Fall ist. Sinnes- und körperbehinderte Menschen sind teilweise in der Lage, weitgehend selbstständig zu leben bzw. zielgerichtete Unterstützung einzufordern. Auch sind ihre Behinderungen durch mechanische, elektrische und/oder elektronische Hilfsmittel teilweise kompensierbar. Dies alles ist bei Menschen mit einer kognitiven Beeinträchtigung nicht möglich. Sie sind ein Leben lang auf Hilfestellungen und Betreuung angewiesen. Dies scheint mir ein wichtiger Fakt zu sein, wenn wir versuchen, uns der in der Überschrift angesprochenen Frage zu nähern. Jede zweite geistige Behinderung wird denn auch als eine ›schwere‹ Behinderung taxiert. Also noch einmal zur Ausgangsfrage zurück, ob man diese Menschen bewundert, bewundern kann, oder vielleicht nur einzelne von ihnen und, wenn ja, dann warum gerade diese und jene nicht?

III Veröffentlicht im *Tages-Anzeiger*, 3.12.2019. Quelle: sda (Schweiz. Depeschen Agentur).

Grundsätzlich, so meine ich, kann man davon ausgehen, dass Menschen mit einer schweren geistigen und mehrfachen Behinderung – so lautet in der Heilpädagogik der Fachbegriff – kaum bewundert werden. Bewundert werden im höchsten Fall die Eltern ob der Pflegeleistung, die sie tagtäglich, über Jahre hinweg zu erbringen haben. Bewundert wird eventuell auch das Schicksal dieser Eltern, so ein Kind bekommen zu haben, und dass man froh ist, dass es einem selbst nicht so ergangen ist. Der Kelch, ein geistig behindertes Kind bekommen zu haben, ist an einem vorübergegangen.

Wie es Eltern dabei gehen kann, hat der japanische Literaturnobelpreisträger Kenzaburō Ōe in seinem Buch »Eine persönliche Erfahrung« (Erstveröffentlichung 1964, also vor der Zeit der Pränatalen Diagnostik) in beeindruckender Art und Weise dargestellt. Von Bewunderung ist dann auch in Ōes Buch nirgends die Rede. Üblich ist eher, dass geistige Behinderung nicht als ein Gegentrend zur Bewunderung verstanden werden kann. Damit meine ich, dass es heute ja nicht mehr sein muss, dass ein behindertes Kind, sprich ein behinderter Fötus geboren wird, weil dieser ja, bedingt durch die Pränatale Diagnostik, vor, aber auch noch nach der 12. Schwangerschaftswoche abgetrieben werden kann. Eine Mutter hat ihre diesbezüglichen Gedanken anonym in einem Artikel in der Zeitschrift »Der Spiegel« dargestellt.[112] So lautet denn auch die landläufige Meinung, dass es so ein Kind heute nicht mehr geben müsse. Über die Diskussion, dass eventuell der Versicherungsschutz für ein Kind, für seine Familie wegfällt, wenn sich eine werdende Mutter dafür entscheidet, den als behindert diagnostizierten Embryo nicht abtreiben zu wollen, will ich mich hier nicht weiter auslassen. Es geht ja um die Bewunderung. Diese Überlegungen, dass eine sogenannte normative Kraft des Faktischen entsteht und der Druck auf werdende Mütter in den letzten Jahren zunehmend größer geworden ist, die Pränatale Diagnostik auch in Anspruch zu nehmen, entspringt nicht meiner Fantasie, sondern ist Realität. Inwieweit eventuell dieser Fakt dann selbst zur Norm, zu einem Gesetz erhoben wird, ist spekulativ und

112 »Pränataldiagnostik. Eine Mutter berichtet vom Schock, als sie erfuhr, dass ihr Sohn das Downsyndrom hat«, in: *Der Spiegel*, 76. Jahrgang, Heft 30, 23.7.2022, S. 32 ff.

wird hier von mir auch nicht weiter verfolgt. Aber durch den Fakt der Pränatalen Diagnostik wird eine (informelle) Norm geschaffen, der sich eine schwangere Frau wohl nur schwer entziehen kann. In ca. 92 bis 96 % aller positiv (!) getesteten Embryos kommt es zu einer Abtreibung.[113] Auch damit erübrigt sich wohl die Frage nach einer möglichen Bewunderung; man muss wohl schon eher von einer Ablehnung sprechen. Der Vollständigkeit halber muss hier aber auch noch angefügt werden, dass insbesondere Menschen mit einer geistigen Behinderung in der Geschichte der Menschheit noch nie willkommen waren, geschweige denn bewundert wurden. Die Datenlage ist hier aus verständlichen Gründen dürftig. Aber einige Belegstellen gibt es sehr wohl, die einen Infantizid bei behinderten Säuglingen belegen.[114] Wir stellen fest, dass Behinderung grundsätzlich nicht bewundert wird, und dies trifft insbesondere beim Auftreten einer geistigen Behinderung in starkem Maße zu, weniger bei sinnes- und körperbehinderten Menschen. Das hängt wohl auch damit zusammen, dass diese Menschen uns sehr oft als fremd erscheinen und wir nur schwer einen Zugang zu ihnen finden können. Sind sie erwachsen, sind sie keine Kinder mehr, obwohl ihr kognitives Leistungsvermögen auf einem kindlichen Niveau zu verorten ist. Bei Menschen mit einer Sinnes- und/oder Körperbehinderung stellt sich die Situation völlig anders dar. Wir bewundern blinde Menschen, die sich mithilfe eines Stockes oder eines ausgebildeten Hundes zielsicher durch ein Großstadtgewühl bewegen. Wir bewundern den dysmeliegeschädigten Menschen, der keine Arme hat und am Rednerpult einen Vortrag hält und seine Manuskriptseiten in geradezu artistischer Art und Weise mit dem Fuß umblättert. Wir bewundern den kleinwüchsigen Menschen, der ein Studium absolviert hat und nun als Schauspieler auf der Bühne eines Stadttheaters wirkt. Wir bewundern den Men-

---

113 Vgl. Bonfranchi, Riccardo: *Ethische Handlungsfelder der Heilpädagogik. Integration und Separation von Menschen mit geistigen Behinderungen.* Lang [u. a.], Bern 2011.

114 Bonfranchi, Riccardo: *Löst sich die Sonderpädagogik auf?* Edition SZH, Luzern 1997, insbesondere das 3. Kapitel: 3.1 Unbewusste Tötungswünsche in der Geschichte bis heute, und: 3.2 Tötungswünsche gegenüber Behinderten aus historischer Sicht, S. 35 ff.

schen im Rollstuhl, der diesen elegant eine Treppe hinuntersteuert und dabei ebenso artistisch die Balance auf den großen Hinterrädern halten kann. Wir bewundern den Leichtathleten, der mit einer besonderen Beinprothese einen Sprint oder auch einen Weitsprung auf die Bahn bzw. in die Grube setzt, der annähernd so schnell/weit ist wie derjenige eines nicht behinderten Sportlers – oder sogar schneller/weiter. Wir stellen in Bezug auf Behinderung demnach eine große Spaltung fest: Wir bewundern Menschen mit Sinnes- und/oder Körperbehinderungen ob ihrer kompensatorischen Leistungen und verhindern die Geburten von Menschen mit einer kognitiven/geistigen Behinderung.

Aus einem anderen Blickwinkel betrachtet, kann man schwer geistig und mehrfach behinderte Menschen sehr wohl auch bewundern (wenn es denn schon sein muss). Meine persönliche Erfahrung ist die, dass viele dieser Menschen von Geburt an hochgradig gefährdet sind, nicht zu überleben bzw. bereits in jungen Jahren zu versterben. Sie haben die unterschiedlichsten Gebrechen an den Organen, sehr oft auch immer wiederkehrende epileptische Anfälle, die kaum medikamentös einzustellen sind, oft werden sie mit einer Sonde ernährt, werden beatmet, müssen gegen ihre Schmerzen orthopädisch bewegt werden (was sehr schmerzhaft ist) und noch vieles andere mehr. Aber sie kämpfen, sie kämpfen jeden Tag um ihr Weiterleben, ums Überleben. Sehr oft sterben sie trotzdem schon im Kindes- oder Jugendalter. Diese Kämpfe, die sie sicherlich nicht willentlich ausfechten, sondern die ein Teil der Conditio humana sind, haben mir aber immer wieder Respekt und damit auch Bewunderung abgenötigt. Sie geben nicht auf und können sich auch nicht an eine Sterbehilfeorganisation wenden. Sie leben bis zu ihrem Ende, ohne Wenn und Aber. Mir scheint dies in hohem Maße bewundernswert zu sein.

Ich bin fünf Jahre mit dem Theater HORA als sozialpädagogischer Begleiter durch die ›halbe Welt‹ gereist. Der französische Performer Jérome Bel hat für die Theatergruppe HORA aus der Schweiz ein Theaterstück geschrieben mit dem Titel »disabled theater«, das von vielen Bühnen für ihre Theaterfestivals eingekauft wurde. Persönlich finde ich das Stück genial. Die Gruppe bestand aus 11 SchauspielerInnen des Theaters HORA. Dieses Ensemble ist nicht selbstständig, sondern alle sind in einer Behinderteninstitution angestellt. Dies betrifft sowohl die nicht behinderten Menschen wie die geistig behinderten SchauspielerInnen. Der Erfolg war riesig, die Bewunderung für die Akteure nicht enden wollend. Aber manchmal beschlich mich, in Singapur, in London, in Berlin, in Paris, in Macao usw. usf., eben doch ein etwas komisches Gefühl. Wenn man um das Ansehen von kognitiv beeinträchtigten Menschen und von der Existenz der Pränatalen Diagnostik weiß, dann weiß man auch, dass diese Menschen über keine besonders hohe gesellschaftliche Akzeptanz verfügen. Wenn nun aber dieser Erfolg auf der Bühne für immer das gleiche Theaterstück fünf Jahre lang anhält, hat das für mich schon etwas Komisches. Gilt die Bewunderung nur in der Extremsituation eines Theaterstückes und vermag sie in der Realität des Alltags dann nicht mehr zu existieren? Hat dann diese Bewunderung nicht auch etwas Geschmeicheltes, Unwirkliches? Auf der Bühne klatscht man (endlos) Beifall und in der Realität wird ein Fötus z. B. mit Downsyndrom abgetrieben. Was für eine Art von Bewunderung haben wir dann hier? Schwierig, schwierig …

16 Was ist das Gegenteil von Bewunderung?

Vielleicht kommen wir abschließend der Bewunderung noch etwas näher auf die Spur, wenn wir versuchen, ihr Gegenteil zu finden. Bewunderung geht, so mein Verständnis, von einem Subjekt aus, das bewundert. Es erwartet vom Objekt ein Wunder. Diese Formulierung ist etwas arg allegorisch, ich weiß. Aber lassen wir sie mal so stehen. Ein Wunder ist ja i. d. R. etwas Wunderbares. Auch das tönt etwas banal, etwas trivial. Aber lassen wir es doch einfach so wirken. Das Wunder und das Wunderbare kann man durchaus als ungeteilt positiv bewerten. Also muss folgerichtig das Gegenteil von Bewunderung etwas Negatives sein. Bewundern bedeutet ja, dass die Bewunderin ihr Objekt auf einen Sockel hebt. Ob das Objekt davon Kenntnis hat oder nicht – das habe ich bereits an anderer Stelle ausgeführt –, ist unbedeutend. Negativ wäre z. B., wenn der Bewunderer sein Objekt vom Sockel holte, es in die Niederungen des Alltags stürzte, wo es elendiglich zerschmettert daläge. Mir kommen da Bilder von der Zeit unmittelbar nach der nationalsozialistischen Niederlage in Deutschland in den Sinn oder auch die Todesart von Mussolini, auch der Sturz des Ceauşescu-Regimes in Rumänien und viele andere Bilder auch noch. Die vorgängig, sei es mit oder ohne Zwang, bewunderten Insignien der Macht wurden verbrannt, in den Staub getreten, vernichtet. Man könnte somit von einer Demütigung sprechen. Das vormals Bewunderte wird gedemütigt, erniedrigt, gekränkt, beleidigt etc. Aber es handelt sich hierbei immer um einen aktiven Vorgang. Das Subjekt, das das Objekt vormals bewundert hat, zieht sich jetzt, warum auch immer, vom Objekt zurück und demütigt es in irgendeiner Art und Weise. Das Objekt kriegt also, wenn es denn überlebt, genau mit, dass sich die Bewunderin von ihm abwendet. Und genau dieser Vorgang lässt mich daran zweifeln, ob das Gegenteil von Bewunderung die Demütigung ist. Natürlich gibt es Fälle, wo dies genau in der hier beschriebenen Art so vor sich geht. Aber eben nicht immer. Deshalb ist für mich das Gegenteil der Bewunderung der Ekel. Vielleicht könnte man sogar sagen, dass der Demütigung der Ekel vorangestellt ist. Erst wenn sich ein Ekelgefühl vor dem ehemals bewunderten Objekt einstellt, kann ich mir überlegen, wie ich damit umgehe. Ich kann das bewunderte Objekt ja auch einfach ignorieren, ich kann es aber auch demütigen und hassen. Aber ich neige dazu, dem Ekel den Vorzug zu geben. Wenn die Bewunderung anfängt, sich in ein Nichts aufzulösen, und sie war sehr stark, nahezu übermächtig, müssen auch sehr starke Gefühle wirken, die sich von dieser Bewunderung ablösen können, und da scheint mir der Ekel die richtige Adresse zu sein.

Was nun aber ist Ekel? Vorab lässt sich festhalten, dass Ekel ein in unserer Gesellschaft eher tabuisiertes Thema ist. Das war früher anders. Der Kulturanthropologe Norbert Elias hat diese Entwicklung beschrieben.[115] Er spricht hierbei von einer Affektmodellierung. Das bedeutet, dass der gefühlsmäßige Umgang der Menschen untereinander in früheren Jahrhunderten roher, direkter, unmittelbarer war. Die Affekte haben sich, laut Elias, immer weiter verfeinert. Wenn sich nun die Bewunderung verflüchtigt, kehrt sie sich in ihr Gegenteil, und es ergibt sich eine andere emotionale Struktur dem Objekt gegenüber. Der Affekthaushalt des Bewunderers dreht sich um 180 Grad, und dies ist gar nicht so selten. Als Beispiel können hier ehemalige Raucherinnen und Raucher erwähnt werden: Haben sie sich vor einiger Zeit noch mit Wohlgefühl und damit mit einer gewissen Bewunderung dem Glimmstängel hingegeben, verabscheuen sie ihn dann, wenn sie sich entschlossen haben, mit dem Rauchen aufzuhören. Sie werden dann, verbunden mit einem missionarischen Eifer, zu fanatischen Nichtrauchern und erklären das Rauchen zu einer Todsünde. Der von mir ehemals bewunderte Olympiamedaillengewinner wandelte sich für mich, nachdem ich ihn näher kennengelernt hatte, in einen Tollpatsch, in einen moralisch eher fragwürdigen Menschen etc.

Das heißt, wir stoßen hier auch in einen tabuisierten Bereich. Nicht selten ist es einer Person, die eine andere Person bewundert hat und nun davon abgekommen ist, peinlich. Sie spielt ihre Bewun-

115 Elias, Norbert: *Über den Prozess der Zivilisation.* Bd. 1 & 2, Suhrkamp, Frankfurt am Main 2010 (30. Aufl.). Siehe auch: Bonfranchi, Riccardo: *Studienbuch der geistigen Behinderung. Theoretische und praktische Aspekte der Geistigbehindertenpädagogik.* GRIN, München 2013 (insbesondere Kapitel 7).

derung herunter und hat Mühe, dazu zu stehen. Eine Person, die ihre Affekte nicht in dem Maße zügeln kann, weil sie die Zügelung nicht in ihr Verhaltensrepertoire aufnehmen kann, zeigt Störungen in ihrem Verhalten. Diese können sich in zwei Richtungen manifestieren: Entweder die Person reagiert mit zunehmender Passivität, stumpft ab, d. h., sie tötet ihre an und für sich guten, lebendigen Affekte, oder sie rebelliert. Dies eben in der bereits erwähnten Form, dass sie das ehemals so bewunderte Objekt nun in Bausch und Bogen verdammt. Der Ekel fungiert dann als eine Art Schutzfunktion. Es ist demnach sinnvoller, das Gefühl des Ekels zu enttabuisieren und sich mit ihm aktiv auseinanderzusetzen. So kann auch der Prozess der Bewunderung, der ja dem Ekel vorangegangen ist, aufgearbeitet werden. Anderenfalls besteht die Gefahr, dass man Aggressionen gegen sich selbst entwickelt, oder dass man davor wegläuft. Das spielt hier im Moment keine Rolle. Kehren wir zum Ekelgefühl zurück. Halten wir noch einmal fest, dass das Verleugnen von Ekelgefühlen der Person nicht hilft, mit der Bewunderungsphase fertigzuwerden. Auch Vermeidungsverhalten hilft hier nicht weiter, sondern schafft sogar noch zusätzliche, neue Probleme. Er erscheint einsichtig, dass das Verleugnen und Tabuisieren der Ekelgefühle keine Lösung darstellen, sondern nur noch weitere Probleme schaffen kann. Trotzdem scheint aber ein bewusst vollzogener Perspektivenwechsel sehr sinnvoll zu sein. Ein Perspektivenwechsel dergestalt, dass zu dem ehemals bewunderten und nun ekelerregenden Objekt eine eher neutrale Beziehung aufgenommen werden kann. Man kann das Objekt der Bewunderung ja nicht mehr bewundern, sondern kann es einfach nur okay finden, und die Sache hat sich. Nicht mehr, aber auch nicht weniger.

Resümee oder: Eine persönliche Betrachtung

In der Philosophie gibt es bekannterweise die sogenannten ›großen‹ Begriffe sowie deren Definitionen und Erläuterungen. Darunter verstehe ich z. B. solche Begriffe wie: Gerechtigkeit, Freiheit, Autonomie, Tod, Schadensvermeidung, Fürsorge usw. Bekannt ist auch das Prinzip der Hoffnung oder der Verantwortung. Damit habe ich mich natürlich, auch während des Philosophiestudiums, beschäftigt. Aber ich wurde den Gedanken nie los, dass es doch auch – ich sage das hier mal so – kleinere Begriffe gibt, die doch genauso wichtig sind und für unser Alltagsleben eine ebenso große Relevanz besitzen können wie die vorhin genannten. Ich denke da z. B. an den Stolz[116] oder an das Phänomen der Vergleiche[117]. Was ist eigentlich ›Stolz‹, und warum müssen wir immer alles mit allem vergleichen? So kam mir denn auch die Idee, über die Bewunderung zu schreiben.

Zu diesen hier von mir exemplarisch benannten drei Begriffen gibt es sehr wenig spezifische Literatur in der großen weiten Welt der Philosophie. Wäre zu fragen, warum dem so ist. Darüber kann ich nur spekulieren. Möglich, dass die Männer – und Philosophie wird, nach wie vor, doch überwiegend von Männern betrieben – diese Begriffe ›Stolz‹, ›Vergleiche‹ oder eben ›Bewunderung‹ für nicht so wichtig erachten wie die bereits erwähnten Begriffe, die ich als große Begriffe bezeichnet habe. Wenn es um Stolz geht, dann müssten Männer ja eine besondere Nabelschau betreiben, und das wollen sie wohl eher nicht. Dass ich ein Buch über das Vergleichen geschrieben habe, ruft meistens eher Verwunderung hervor, weil man Vergleichen keinen besonderen Wert in unseren zwischenmenschlichen Alltagsereignissen beimisst. Welch Irrtum. Und genauso ergeht es auch der Bewunderung. Auch sie fristet in der reflexiven Betrachtung mittels eines philosophischen Handwerkszeugs eher ein Mauerblümchendasein. Schade drum. Aber die Rückmeldungen vonseiten einiger Mitmenschen gehen dann doch immer in die gleiche Richtung: »Ah, inter-

116 Bonfranchi: *Stolz. Kulturanthropologische Betrachtungen.*

117 Bonfranchi, Riccardo: *Kommensurabilität. Dialoge über das Vergleichen.* Athena bei wbv, Bielefeld 2024.

essant, darüber habe ich mir noch nie Gedanken gemacht.« Oder: »Wie kommst Du denn auf so etwas?« Letztere Frage bringt mich dann eher in Verlegenheit, weiß ich es doch selbst nicht so genau. Ich gebe dann meistens zur Antwort, dass über die großen Begriffe, wie eben ›Freiheit‹, ›Autonomie‹ oder ›Würde‹, bereits viel und von wesentlich intelligenteren Geistern, als ich einer bin, geschrieben worden ist.

Dabei habe ich aber noch nie den Widerspruch gehört, dass die Begriffe ›Stolz‹, ›Vergleiche‹ oder eben auch ›Bewunderung‹ als unwichtige, nebensächliche Begriffe eingeordnet worden sind. Es wird ihnen sehr wohl in unser aller Leben eine nicht zu unterschätzende Wirkung zugesprochen. Nur Gedanken hat man sich darüber eben noch nicht gemacht. Jeder Mann und jede Frau hat sich von Menschen, denen der Stolz aus allen Poren troff, genervt gefühlt. Dass man immer alles einem Vergleich unterzieht, stellt eine Selbstverständlichkeit dar, über die es, auf den ersten Blick jedenfalls, schon gar nicht nachzudenken lohnt. Dem ist aber nicht so. Und genau gleich verhält es sich auch mit der Bewunderung.

Der Bewunderung nachzuspüren – so viel kann ich hier sehr wohl preisgeben –, hat mir großen Spaß gemacht. Bei diesem Prozess war ich selbst sehr erstaunt, wie dieser mich von einem Inhalt zum nächsten brachte – trug, passt hier schon eher. Da gibt es einfach mal die Menschen, die man bewundert. Dies führt dann dazu zu fragen: Was wird grundsätzlich bewundert, und wenn schon bewundert wird, erscheint es logisch zu fragen, wie denn diese Bewunderung aussieht und wo sie passiert. Dabei ist erstaunlich, wie oft geradezu nachlässig und inflationär mit der Bewunderung umgegangen wird. Es scheint, als ob wir ständig alles Mögliche und vor allem Menschen, die, warum auch immer, im Rampenlicht stehen, bewundern. Dann darf natürlich die Charakteristik des Bewunderers oder der Bewunderin nicht außer Acht gelassen werden. Einige Menschen neigen sehr stark zum Bewundern, andere weniger. Aber es gibt wohl kaum jemanden, der nicht irgendwen, irgendwas zu irgendeiner Zeit mehr oder weniger bewundert oder bewundert hat.

Und wenn wir selbst feststellen müssen, dass wir nicht bewundert werden, dann ist Katzenjammer angesagt. Was wiederum beweist, dass es ohne Bewunderung in unserem Leben einfach nicht geht. So sind wir Getriebene der Bewunderung, sei es im aktiven oder auch im passiven Part. Egal, auf welcher Seite wir stehen, ohne Bewunderung geht es nicht. Das sich einzugestehen, ist wohl nicht einfach, könnte es doch auch als Charakterschwäche ausgelegt werden. Wenn man zu sehr von Bewunderung abhängig ist, verrät das Eitelkeit, wenn man zu sehr bewundert, dann lässt dies vielleicht auf ein mangelndes Selbstwertgefühl schließen. Beides ist nicht wünschenswert, und deshalb könnte das ein Grund sein, das Phänomen der Bewunderung eher zu meiden, zu bagatellisieren oder grundsätzlich von sich zu weisen. Aber dies ist ein hoffnungsloses Unterfangen, denn die Bewunderung holt einen immer wieder ein, egal, in welcher Rollenkonstellation. Sie ist da, auch wenn wir sie zu negieren versuchen.

Dies zu beweisen, konnte ich natürlich nicht mit einer groß angelegten empirischen Untersuchung bewerkstelligen, weil ich denke, dass Bewunderung ein so komplexes Phänomen ist, dass es sich nicht in einer operationalisierten Form fassen ließe. Ich habe mich deshalb an die Lyrik sowie an die Belletristik gehalten. In beiden Sparten findet man aussagekräftige Beispiele genug, um der Bewunderung gerecht zu werden. Natürlich entsprechen diese Beispiele nicht den üblichen Gütekriterien der Objektivität, Reliabilität und Validität, wie sie die empirische Sozialforschung fordert, aber sie sind m. E. evident genug, um für das Phänomen der Bewunderung mehr als ausreichend Belege zu liefern, inwieweit diese neben unzähligen anderen Einflussfaktoren in unser aller Leben eingreift.

Abschließend beschäftigte ich mich auch mit der Negation der Bewunderung, der Entwunderung. Auch hier gibt es viele Beispiele in der Literatur bzw. im Film. Auch der Bereich der kognitiven Beeinträchtigung, der ja, wenn man denn so will, am anderen Ende des von uns allen bewunderten Genies steht, musste hier angesprochen werden. Vielleicht denken Sie ja jetzt auch: »Ah, interessant, darüber habe ich noch nie nachgedacht, werde dies nun aber nachholen.«

Riccardo Bonfranchi
www.bonfranchi.info